AUGUST BENNINGHAUS SJ

AF157696

HERMANN RIEKE-BENNINGHAUS

AUGUST BENNINGHAUS SJ

Bibliografische Information der Deutschen Nationalbibliothek:
Die Deutsche Nationalbibliothek verzeichnet diese
Publikation in der Deutschen Nationalbibliografie.
Detaillierte Daten sind im Internet über
www.dnb.de abrufbar.

© 2019 Hermann Rieke-Benninghaus, Dinklage
Alle Rechte vorbehalten.

Neubearbeitung 2019
Mit 59 s/w Abbildungen.

Herstellung und Verlag:

BoD - Books on Demand, Norderstedt

ISBN: 9783743141384

Inhalt

Das Elternhaus in Druchhorn.................. 7

Die geistliche Berufung........................... 14

Der Jesuitenorden................................... 19

Die Jahre als Exerzitienmeister................31

Der Aufstieg der Nationalsozialisten...... 39

Die Auseinandersetzung mit den
Machthabern............................. 45

Die Verhaftung.. 60

Das KZ Sachsenhausen.......................... 65

Das Konzentrationslager Dachau............ 69

Der Invalidenblock................................. 78

Über den Tod hinaus............................... 90

Quellen und Literaturverzeichnis............ 97

Das Elternhaus in Druchhorn

August Benninghaus wurde am 7. November 1880 in Druchhorn auf dem Hof Benninghaus geboren.

Hof Benninghaus um 1980

Druchhorn ist eine Bauernschaft im Kirchspiel Ankum, zugehörig zum früheren Landkreis Bersenbrück.

Nach der niedersächsischen Gebietsreform von 1972 ist Druchhorn ein Ortsteil der Gemeinde Ankum im neu errichteten Landkreis Osnabrück. Druchhorn hat eine Fläche von 9,81 qkm = 981 ha mit einer mittleren Längenausdehnung in Nord-Süd-Richtung von etwa 3,5 km und in Ost-West-Richtung von etwa 2,5 km.

Druchhorn gehört zum Ankumer Land im Osnabrücker Nordland. Es ist ein sanftes Hügelland mit leichten Sandböden. Geologisch gesehen handelt es sich in Druchhorn um Talsande nördlich einer Stauchmoräne. Aus der mittleren Steinzeit gibt es hier Spuren von Jägern und Fischern. Aus der jüngeren Steinzeit lassen sich hier die ersten festen Wohnsitze nachweisen. Aus der älteren und der jüngeren Bronzezeit sind in Druchhorn mehrere Hügelgräber erhalten. Ein bronzezeitliches Gräberfeld liegt beim „Esselmannschen Heuerhaus".

Um etwa 150 n. Chr. erscheinen die Sachsen und nennen diesen Gau Farngau mit der altsächsischen Thingstätte in Ankum auf dem Vogelboll. Die Karolinger errichten in Ankum die Taufkirche, womit Ankum zur Urpfarre des Farngaues wird. Um das Jahr 1050 wird die erste steinerne Kirche erbaut.

Druchhorn wird erstmals 1188 urkundlich erwähnt im Güterverzeichnis der Grafen von Dale. Der Ortsname Druchhorn hat sich von Drochorne bis heute kaum verändert. Die Endung auf –horn deutet auf ein hornförmiges Gelände, auf eine Landspitze, einen Winkel hin. Die Anfangssilbe droch- ist vom althochdeutschen thruch abgeleitet und bedeutet Tierfalle oder Grube. So ist die Kombination aus thruch-horne ein Hinweis auf ein hornförmiges Gebiet, in dem die Jagd mit Tierfallen ausgeübt wurde.

Die Ansiedler nach 800 n. Chr. drangen in wildreiche Gebiete zur Jagdausübung vor und schlugen eine breite, keilförmige Lichtung, wo der Boden etwas höher lag und zum Ackerbau geeignet erschien.

Den Anstoß für die Ansiedlung dürften die Grafen von Ravensberg gegeben haben, die später hier als bedeutende Grundherren erscheinen. Die Besiedlung der Bauernschaft beginnt mit der Gründung der Erbhöfe in altsächsischer Siedlungsform. Sie liegen eng in einer Reihe. Auf der einen Seite ist eine Wiese mit einem Wasserlauf, auf der anderen Seite befindet sich der gemeinsame Esch.

Luftbild vom Hof um 1950 aufgenommen

Die sieben älteren Höfe aus altsächsischer Gründung sind Avesing, Lüvolding, Reilmann, Johanning, Schwietering/Meyer zu Brickwedde, Esselmann und Voigt/Lüvolding. Die drei etwas jüngeren Höfe aus dem 9. und 10. Jahrhundert sind Dettmaring, Goverding/Gövert und Grahmann/Welp. Dazu kommen zwei Einzelhöfe in Buschelo (Busselmann/Menke) und Bonninchus (Benninghaus). Der Hof Benninghaus, der Lage nach im Bruch, zählt zu den jüngeren frühmittelalterlichen Siedlungen um 900 nach Christus. Er wird schon 1262 im Messkornregister genannt, als „bonis in Boninchus" (Güter in Boninchus). Es handelte sich also wohl um eine Sippensiedlung; auf jeden Fall war es ein meßkornpflichtiger Hof. Die Endsilbe –ing (–inck, -ingh) im Hofnamen weist auf die frühe Hofanlage hin. In dem lateinischen Namen kommt auch zum Ausdruck, daß der Boden des Ortes, an dem die Siedler Wohnsitz nahmen, besser war als der umliegende Bruch- und Sumpfboden.

Im Zuge der Auflösung des Güterbestandes der Grafen von Dale (1316 starb das Geschlecht - sie waren Erben der Ravensberger gewesen - aus) ab 1188 kam der Hof Benninghaus zwischen 1200 und 1230 in den Besitz der Grafen von Oldenburg. 1233 wird die Jahresabgabe des Hofes Benninghaus, die decima major, die sogenannte Zehntlöse, an den Fürstbischof von Osnabrück wie folgt abgegeben: 1 Malter Roggen, 1 Malter Malz, 1 Malter Hafer nach Ankumer Maß. Der Hof hatte als einziger in Druchhorn den sogenannten großen Zehnt abzuliefern, normal war der kleine Zehnt die Jahresabgabe. Daraus kann die Größe und Wichtigkeit dieser Hofstätte ersehen werden.

Bis zum Jahre 1248 war der Hof von dem Oldenburger Grafen an das Ministerialgeschlecht von Northorpe als Lehen ausgegeben. In diesem Jahr verkaufte Lubbert von Northorpe, heute Hof Buhr (Schulte - Bergfeld), ihn mit Zustimmung der Grafen von Oldenburg an das Kloster Bersenbrück.

Das Kloster Bersenbrück war 1231 aus dem Ravensberger Besitz entstanden. Graf Otto von Ravensberg hatte in diesem Jahr das Zisterzienserinnenkloster gegründet. Später besaß das Kloster auch die Höfe Dettmaring und Gövert (ab 1309/1329).

Der Hof Benninghaus ist ab 1248 Eigentum des Klosters Bersenbrück. Das Beederegister von 1441 nennt Johan Boninchus unter den „Closterluden to Bersenbruck".

Aus einem Viehschatzverzeichnis von 1489/90 wissen wir, daß Benninghaus 18 Pferde besaß. Aber diese Pferde waren kleiner und schwächer als heutige. Für das Pflügen benötigte man vier Pferde. Man brauchte sie für Spanndienste und viele Plaggenfuhren. Rinder von einer mageren und schlechten Rasse hatte man 25. Das Durchschnittsgewicht betrug nur 1 ½ Zentner. Die Milcherträge waren gering. Schweine wurden auch gehalten. Es handelte sich um eine langbeinige, magere Rasse, wovon Benninghaus 56 Stück hielt. Dazu kamen noch 36 Schafe.

Gegen Ende des 16. Jahrhunderts scheint die Wirtschaftslage des Hofes schlecht zu sein. Kaplan Raekmann hat in den Lagerbüchern des Klosters Bersenbrück eingetragen:

(Nr. 21) „Benninckhauß angetan auf die vierte Garbe

1540 wegen Armut quittgegeben

1589 Johann beim Esche und Pöel Jahn gelobbet

1590 Burge Johan Oldenhagen gedinget

1592 burge Wolteringh Schwittert und Gert thon Busches gedinget

1630 Lubbert, der besitzer in armut im Kleinenhausse gestorben"

Es werden die andauernden Kriegswirren des Dreißigjährigen Krieges gewesen sein, die diese wirtschaftliche Notlage herbeigeführt haben. Mit Genehmigung des Klosters wurden Darlehen aufgenommen. Aber die Lage verschlimmerte sich noch, es kam zum Ruin. Der Hof blieb unbewirtschaftet und unbewohnt. 1637 wird von Pestkranken in Druchhorn berichtet. 1703 stellt das Holzgericht fest, daß Benninghaus 230 Schafe eingetrieben hat. Im August 1717 erfahren wir aus einem umfangreichen Register, das das Amt Fürstenau angefertigt hat, über die Witwe von Hermann Benninghaus, daß ihr Mann vor 1 ½ Jahren gestorben ist. Sie hat sechs Kinder, von denen zwei frei sind, sechs gehören zum Kloster Bersenbrück. Das Haus sei in einem guten Stand.

Im 18. Jahrhundert entsteht nach erneuter Bewirtschaftung eine Blütezeit. Um 1800 war Johann Gerdt Benninghaus Besitzer des Hofes. Er war verheiratet mit Maria Catharina Hartmann, wahrscheinlich vom Hof in Hertmann stammend. Aus der Markenteilung der Druchhorner und Suttruper Mark in den Jahren 1800 bis 1828 erhielt der Hof Benninghaus 13575 ½ Quadratruten = 29,595 ha (1 Quadratrute = 0,218 ar) im Wert von 33.407 Reichstalern.

Johann Gerdt folgte sein Sohn Johann Gerhard, geb. 3. 9. 1831, der am 26. 11. 1856 Wilhelmine Longiene Schulte zu Rüssel, geb. 10. 4. 1833, heiratete. Die finanzielle Lage des Hofes scheint aber nicht rosig gewesen zu sein. Dazu kam die Vernichtung des alten Fachwerkhauses mit gesamter Inneneinrichtung am 13. Mai 1857 durch einen Großbrand. Das neue Wohnhaus aus Ziegelstein war schon am 17. September wieder bezugsfertig. Vor das Erbwohnhaus wurde auf eine Sandsteinplatte geschrieben:

Am 13. Mai 1857 reißt der Brand mich nieder,

Am 17. September steh ich hier wieder.

J. Gerhard Benninghaus WM Longiene Schulte 1857.

Aber die Schuldenlast wurde immer größer und drückender. So entschloß sich der Besitzer, den Hof zu verkaufen und nach Ungarn auszuwandern. Dorthin war bereits sein Bruder mit vielen anderen Familien aus der Ankumer, Steinfelder und Rütenbrocker Gegend 1858 ausgewandert. So verließ die Familie mit fünf kleinen Kindern 1868 den Hof.

Das Ehepaar Korfhage/Benninghaus hat den Hof am 1. Januar 1869 übernommenen. Er war vom Schwager des Vorbesitzers, einem Möllmann, für seine älteste Tochter Caroline gekauft worden.

Georg Benninghaus (das ist Johann Georg gr. Beilage, genannt Korfhage, aus Brokstreek/Löningen) und Caroline Benninghaus, geborene Möllmann aus Rüssel, heirateten am 20.1. 1869. Die Kinderreihe war: Julius, Agnes, Theodor, Gustav, Johanna, August, Georg und Heinrich. Die Kinder sind noch alle mit dem Nachnamen Korfhage getauft worden, obwohl sie sich später alle Benninghaus nannten.

Familie um 1901

(hinten v.l. Julius, Gustav, Heinrich, August, Georg, Theodor

sitzend v.l. Vater Georg, Agnes, Johanna, Mutter Caroline)

In wenigen Jahren war der Hof zu neuer Blüte gebracht. Die Schulden, die man vom Vorbesitzer übernommen hatte, wurden bald getilgt. Ein Schweinestall für Sauen wurde gebaut. Die verkaufsfähigen Ferkel wurden dann mit dem Wagen zum Markt nach Bramsche gefahren, wo sie von Frau Caroline verkauft wurden, die wohl besser „handeln" konnte als ihr Mann. Aus dem Ferkelverkauf konnte schon bald die Kötterei Hovenne (Hofene) dazugekauft werden. Heideland wurde neu kultiviert und in Acker und Weide verwandelt. Hinter dem Hausgarten wurde neu aufgeforstet mit Eichen, Buchen und Fichten.

Die geistliche Berufung

Von den Eltern zu einer natürlichen Frömmigkeit erzogen entwickelte August eine besondere Vorliebe für seinen Namenspatron, den Bischof Augustinus von Hippo. Ein Bild seines Namenspatrons war ihm kostbar. Er hat es in seinem späteren Leben immer in seinem Gebetbuch gehabt.

Augustinus war nicht nur ein überaus begabter Prediger, sondern auch ein unerbittlicher Bekämpfer sämtlicher Irrlehren. Seine glühende Gottesliebe war beispielgebend für August Benninghaus. Schon früh machte er so die Erfahrung, daß das Gebet die Schule des Herzens ist. Indem er sich demütig und kindlich der Führung Gottes überließ, ging ihm mit Augustinus der Grundsatz auf: Glaubenswilligkeit als Weg zur Religion, die als Gottesglaube das ganze Leben prägt.

Der Hof der Familie glich in seiner Einzellage einer Oase. Er war umschlossen von Wald, Heide und Sumpf. Birkwild war damals noch vorhanden, und Hasen, Rebhühner und auch Füchse gab es genügend. Die Kinder erlebten, daß ihr Vater von der Jagd reiche Beute mitbringen konnte. Man sprach miteinander Plattdeutsch. 1885 gab es in Druchhorn 309 Einwohner. Selbstverständlich kannte jeder jeden.

Als Kind besuchte August Benninghaus mit den Geschwistern die Gottesdienste in der Notkirche in Ankum, die nach einem Brand der Pfarrkirche genutzt wurde. Eine kirchliche Unterweisung in Form der sogenannten Christenlehre hatte in Druchhorn eine lange Tradition: Der Überlieferung nach wurde sie auf dem Hof Benninghaus die „Talger Christenlehre" genannt. Nach der Reformation soll man den Ankumer Pfarrer aus Talge vertrieben haben. Talge gehörte bis zu dieser Zeit zur Pfarrei Ankum. Der Pfarrer hat darauf die Christenlehre in „Stüfings Feld" auf Druchhorner Gebiet abgehalten. Der Besitzer des Hofes Benninghaus hat dann für die Unterweisung sein Haus zur Verfügung gestellt. In Druchhorn wurde als einziger Gemeinde des Kirchspiels Ankum zweimal Christenlehre gehalten: auf dem Hof Benninghaus durch den Pfarrer, auf dem Hof Gövert durch den Kaplan.

1706 wird berichtet, daß der Ankumer Lehrer den Pastor nach Druchhorn zur Christenlehre begleiten mußte. Diese christliche Unterweisung fand jeweils an einem Sonntag im Sommer statt und wurde am Sonntag zuvor von der Kanzel verkündet.

Die Geistlichen wurden vom Bauern persönlich mit der Kutsche abgeholt. Der Unterricht dauerte etwa eine Stunde, traditioneller Beginn war 15 Uhr. Der Geistliche wurde von zwei Meßdienern begleitet, die sich natürlich auf die Kutschfahrt und nach der Stunde auf Bauernstuten mit Schinken freuten.

Die Christenlehre fand in der großen alten Bauernküche statt.

Küche um 1985

In der Mitte wurde der lange Küchentisch aufgestellt, an der einen Seite stellten sich die Mädchen auf, an der anderen die Jungen. Zu Beginn wurde ein Kirchenlied gesungen, das der Lehrer anstimmte. Die eigentliche Unterweisung fand in Form von Fragen aus der biblischen Geschichte oder dem Katechismus statt. Zum Abschluß wurde eine Litanei oder ein gemeinsames Gebet gesprochen sowie ein Lied gesungen. Hinter den Kindern nahmen die Erwachsenen Platz. Die große Küche war immer bis auf den letzten Platz gefüllt. Wagenbretter auf Stühlen waren die Sitzgelegenheiten. 40 bis 50 Gemeindemitglieder nahmen an der Christenlehre teil. Diese Art der christlichen Unterweisung fand 1953 zum letzten Mal in Druchhorn statt.

August Benninghaus kannte als Kind den Jahreskreis der gleichbleibenden bäuerlichen Arbeiten genau. Seine Aufgabe war das Kühehüten. Einmal hatte er nicht richtig aufgepasst, und die Kühe hatten im Feld des Heuermanns gegrast. Bevor August diese Nachlässigkeit in der Beichte bekannte, ging er zum Heuermann und bat ihn um Verzeihung.

Der Tagesablauf auf dem Hof war stark geprägt von der gleichmäßigen Wiederkehr der Aufgaben, die in Abhängigkeit vom Wetter zu verrichten waren. Im Mai wurde Mist gefahren für das Land mit Runkelrüben. Sand musste mit dem Gespann zum Ausbessern der Wege angefahren werden, was Tage in Anspruch nahm. Eine Straße gab es noch nicht, sondern nur Wege. Zwischenzeitlich war die Runkelsaat aufgegangen, und es musste der Boden gehackt werden. Nach acht Tagen wurden die Runkelpflanzen vereinzelt; es durfte nur eine Pflanze an ihrem Ort in der Reihe stehen bleiben.

Im Juni war das Reisigholz, das im Winter zusammengefahren worden war, trocken genug, um mit dem Holzhacker zerkleinert zu werden. Es wurde dann unter dem Viehfutterkessel verfeuert. Mist wurde gefahren, um am folgenden Tag den „blauen Kohl" zu pflanzen. Immer wieder mussten die Runkelrüben und die Kartoffeln, später auch der Kohl gehackt werden. Steckrüben wurden gepflanzt. Je nach Witterung wurde um den 10. bis 15. Juni mit der Heuernte begonnen. Bei schlechtem Wetter konnte sie sich bis Mitte Juli hinziehen. Die Heuernte war nach der Getreideernte die arbeitsintensivste Zeit des Jahres. Das Gras wurde mit der Sense, später mit dem Grasmäher geschnitten. Tags darauf wurde es gewendet. Am folgenden Tag wurde das Heu mit einem pferdegezogenen Heurechen in Schwaden zusammengezogen und dann in kleinen Haufen aufgesetzt. Diese kleinen Heuhaufen wurden am nächsten Morgen wieder auseinander gestreut und abends wieder mit dem Rechen zusammengezogen. Wenn das Wetter warm und windig war, konnte das Heu nach vier Tagen eingefahren werden. War das Wetter naß und ungünstig, konnte sich die Heuernte wohl 14 Tage hinziehen.

Nach der Heuernte hatte man bis zur Getreideernte eine ruhige Zeit, die gelegentlich für Verwandtenbesuche genutzt werden konnte. Dann wurden morgens gegen 10 Uhr zwei Pferde vor den Kutschwagen gespannt. Die Kinder freuten sich auf diese Fahrten.

Nach dem Besuch der Druchhorner Volksschule bei Lehrer Wessels besuchte August Benninghaus drei Jahre die Höhere Bürgerschule in Ankum. Hier wurde er auf den Besuch des Gymnasiums vorbereitet. Auf dem einstündigen Fußweg zur Schule in Ankum wurde der Rosenkranz gebetet. Fünf Jahre lang ging August auf das Gymnasium Carolinum in Osnabrück. Sein Bruder Georg überliefert in einem scherzhaft gefassten Lebenslauf zum späteren Silbernen Priesterjubiläum, daß er aus Anlaß seines „Einjährigen", der Mittleren Reife, einen Kneipenbesuch in geselliger Runde mit drei Stunden „Karzer" (Arrestzeit) büßen musste.

Der Jesuitenorden

August wohnte in Osnabrück privat in einem Zimmer bei einer Witwe, aber auch im Bischöflichen Konvikt. Hier kam er mit Jesuiten in Kontakt. Sein Bruder Theodor bereitete sich nach seinem Theologiestudium in Münster und Fulda im Priesterseminar zu dieser Zeit auf seine Priesterweihe am 10. März 1900 im Osnabrücker Dom vor.

um 1900

Nach seinem Abitur trat August in der nachösterlichen Zeit, am 26. April 1900, in das Noviziat der Jesuiten in Blijenbeek/Niederlande ein.

Seine innere Einstellung spiegelt sich in einem Heiligenbildchen, das er einen Tag später seinem Bruder Georg schenkte. Mit dem Hl. Aloysius sagt er: „Ich werde mich glücklich preisen, wenn ich für Gott etwas zu leisten habe." Das Noviziat ist der erste Abschnitt der Ordensausbildung der Jesuiten und führt zum „Ersten Gelübde".

Im gleichen Jahr wurde der Neubau der Pfarrkirche St. Nikolaus, bekannt als „Artländer Dom", am 23. Oktober 1900 eingeweiht. Die alte Kirche war 1892 durch einen Brand zerstört worden, so mußte acht Jahre lang eine Notkirche benutzt werden.

Artländer Dom

Jesuiten haben keine besondere Ordenskleidung. Mitglieder des Ordens tragen hinter ihrem Nachnamen den Zusatz SJ (Societas Jesu). Symbol des Ordens ist das Christusmonogramm IHS (die ersten drei griechischen Buchstaben des Namens Jesus), welches oft auch ausgedeutet wurde als: Jesum Habemus Socium (Wir haben Jesus als Gefährten). Motto des Ordens ist die lateinische Wendung: *Omnia Ad Majorem Dei Gloriam* (*Alles zur höheren Ehre Gottes*), oft abgekürzt OAMDG.

Jesuit sein ist kein Beruf, sondern eine Berufung und eine Lebensweise. Die vom Ordensstifter geforderte Beweglichkeit seiner Leute, um den Zeichen der Zeit folgend stets neue Wege zu beschreiten und neue Experimente zu wagen, lässt auch keine Grenzen ziehen. Ignatius von Loyola lebte in einer Zeit, in der die Kirche sich in einer inneren Auflösung befand. Er war davon überzeugt, daß die Reform der Kirche nur von innen her erfolgen kann aus einer vertieften Frömmigkeit und Christusbegegnung. Die Idee seiner Ordensgründung war neu: Nicht Abkehr, sondern Hinwendung zur Welt, um sie für Gott zu gewinnen. Zur größeren Ehre Gottes sind alle guten und geeigneten Mittel einzusetzen.

Das Juniorat von Pater Benninghaus war in Exaeten in der Provinz Limburg/Niederlande. In Deutschland war derzeit der Jesuitenorden verboten. Kurz nach der Gründung des Deutschen Reiches wurden die Jesuiten während des sogenannten Kulturkampfes 1872 des Landes verwiesen.

Nach Abschluß des Noviziats studierte er ab 1902/03 in Valkenburg Philosophie und Theologie. Hierauf schickte ihn der Orden als Lehrer nach Indien. In Bombay wirkte er vier Jahre an der St.-Xaver-High-School, an der Angehörige verschiedener Religionsgemeinschaften unterrichtet wurden. Diese Phase der Ausbildung der Jesuiten, die er hier durchlief, wird Magisterium genannt.

Er unterrichtete zunächst Englisch, Mathematik und Latein, später auch noch Geschichte und Geographie. Ferner fungierte er als Gehilfe des Präfekten der Bibliothek. Zusätzlich nahm er ein Sprachenstudium auf. In dem Missionsgebiet, das zum Teil altes Christenland war, gab es ungefähr 40.000 Katholiken. Die Jesuiten arbeiteten hier meist unter den niedersten Volksschichten, da nur dort Aussichten auf größere Erfolge bestanden.

in Bombay St.-Xaver-High-School, P. Benninghaus sitzend, 1.v.l.

Von Indien brachte er eine Kokosnuß und ein ausgeblasenes Straußenei mit nach Druchhorn, die noch heute in der Familie als kostbare Erinnerungsstücke aufbewahrt werden.

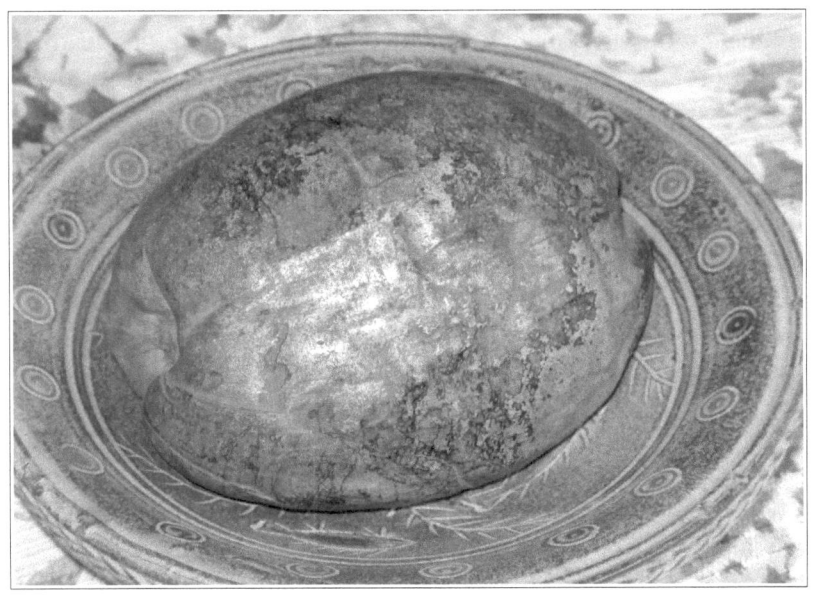

P. Benninghaus schrieb religiöse Gedichte und Lieder für sich und andere ab und wird diese Lieder in aufrichtiger Begeisterung gesungen haben.

Immaculata, Du Lilienblüte.
Der ewi'gen Reinheit geliebteste Braut.
Hör das innige Fleh'n Deines Kindes,
das Dir Leib und Seele vertraut.
O Jungfrau, o Mutter, ohn' Schatten der Sünd,
Immaculata schütze Dein Kind.

Dir hab' ich jetzt mich auf ewig geweihet
Und alles, mein Sinnen und Minnen sei Dein,
Dir geb ich's, Reinste der Jungfrauen, zum Pfand.
Lass mich ein schuldlos Marienkind sein,
bis einstens dort oben vereinigt wir sind.
Immaculata schütze Dein Kind.

Ich möchte ein Blümchen werden,
ein Blümchen licht und klar,
und Dich, o Mutter, grüssen am lieblichen Altar.
Maria, Himmelsblume, Du Jungfrau mild und rein,
in Deinem Himmelsgarten lass mich ein Blümchen sein.

Ich möchte ein Sternlein werden, ein Sternlein licht und klar,
in Deiner Königskrone, am lieblichen Altar
Maria, Stern des Meeres, Du Jungfrau mild und rein,
in Deiner Königskrone, lass mich ein Sternlein sein.

Ich möchte ein Englein werden, ein Englein licht und klar,
doch Du hast mich erkoren für Deine Kinderschar.
Ich darf Dich Mutter nennen, o Jungfrau mild und rein.
O schönstes Glück auf Erden, Marienkind zu sein.

1911 kehrte er wieder in das Jesuiten-Kolleg nach Valkenburg in den Niederlanden zurück, um sein Tertiat zu absolvieren. Das Tertiat, der letzte Abschnitt der Ordensausbildung (mit Vorbereitung auf die „Letzten Gelübde") erfolgte unter Novizenmeister Pater Ernst Thill. Der hatte seinen Novizen vorhergesagt: „Es kann sein, daß der eine oder andere von Ihnen auch noch einmal am Marterpfahl endet."

Sein Mitbruder P. Ferdinand Conrath erinnert sich an die aufragende Gestalt von August Benninghaus mit blonden Haaren und blauen Augen. Er empfand ihn als einen so ehrlichen Menschen, daß er ihn einer Lüge oder Heuchelei für unfähig hielt. In den Studien bildete er den gesunden Mittelstand; beim Schlagballspielen in Erholungszeiten war er kräftig und unübertroffen. Ein unermüdlicher Handarbeiter war er mit der Schaufel, um monatelang eine Kiesschicht beim Kolleg auszuheben.

Auf schriftlichen Ratschlag des Weihekandidaten vom 30. August 1912 hatten sich die Angehörigen in Druchhorn mit dem kleinen Büchlein „Die Erteilung der heiligen Weihen in der katholischen Kirche" auch schon auf seine Diakonatsweihe vorbereitet.

Am 24. August 1913 wurde August Benninghaus vom Kölner Erzbischof Felix Kardinal von Hartmann in Anwesenheit seiner Eltern in Valkenburg zum Priester geweiht. Mit dem Hl. Augustinus betete er :

„O Herr, unser Gott.
Du hast uns berufen, wir rufen zu Dir.
Wir hören Deine Berufung: höre Du unsere Anrufung!
Führe uns dorthin, wohin zu führen Du uns verheißen!
Vollende, o Gott, was Du begonnen; verlaß nicht die Deinen. Amen."

Zunächst kam Pater Benninghaus als Operarius (lat. Arbeiter) in das niederländische `s-Heerenberg.

Hochaltar des Jesuitenkollegs in Valkenburg

Von den Eltern war ihr Sohn Gustav, geboren am 17. 10. 1885, zum Hoferben bestimmt worden. Der Vater starb am 14. August 1914, also kurz vor Ausbruch des 1. Weltkrieges. Gustav hatte nach dem Besuch der Druchhorner Volksschule noch für einige Jahre die Höhere Bürgerschule in Ankum besucht. Darauf war er einige Zeit auf dem Hof tätig, bis er zum Militär eingezogen wurde. Er diente zwei Jahre bei der Kaiserlichen Garde in Berlin. Wieder auf dem Hof baute er 1904 eine neue Scheune und einige Jahre später einen neuen Maststall. Die im Betrieb gezüchteten Ferkel wurden im neuen Stall bis zur Schlachtreife gemästet. Doch nur wenige Jahre wurde der Stall voll genutzt. Im Weltkrieg mußte das Getreide abgegeben werden. Wegen eines Herzfehlers wurde Gustav nicht als Soldat eingezogen. Im Jahr 1911 heiratete er Josefa Brunklaus, geboren am 7. Juli 1889 in Ehren bei Löningen.

Am 22. März 1914 war in Dortmund eine große Versammlung der Katholiken. Der Jesuitenpater August Benninghaus hielt einen Vortrag. Das war eine Seelsorgetätigkeit vor der Eröffnung der Seelsorgeresidenz in Dortmund im Jahr 1929. P. Benninghaus schilderte in großen Zügen die Geschichte der Kirche in den Jahrhunderten. Der Umstand, daß zum ersten Mal ein Mitglied des von staatlicher Seite angefeindeten Jesuitenordens nach Bövinghausen gekommen war, hatte bewirkt, daß außer den Katholiken auch Andersgläubige zahlreich erschienen waren.

1914 wurde Pater Benninghaus von seinem Oberen nach England gesandt, um die Sprachkenntnisse zu erweitern. Beim Austausch von Kriegsgefangenen kam er 1916 nach Deutschland zurück. Seine letzten Gelübde legte er am 2. 2. 1916 ab. Er stellte sich freiwillig dem Heeresdienst und wurde als Divisionspfarrer an die mazedonische Front geschickt. Dort erhielt die Division Besuch von Erzbischof von Faulhaber, dem späteren Kardinal. Gegen Ende des Ersten Weltkriegs wurden 1917 die Jesuitengesetze wieder aufgehoben.

P. Benninghaus als Divisionspfarrer in Mazedonien
2.v.r. P. Benninghaus
3. v.r. Erzbischof Faulhaber

Die Jahre als Exerzitienmeister

Der Kreis der Familie war für Pater Benninghaus Quelle seiner Geborgenheit. Familienereignisse wie Todesfälle, Hochzeiten und Geburten nahmen in seinen Gedanken einen wichtigen Platz ein. Sein gesamter Schriftwechsel beschäftigt sich immer wieder mit den Familienangehörigen. In seinen Briefen schlägt er einen heiteren Ton an, wenn er sich nach dem Befinden der Angehörigen erkundigt.

70. Geburtstag Caroline Benninghaus
1917

stehend von links: Josefa Benninghaus (geb. Brunklaus, 1889-1971), Gustav Benninghaus (1875-1941), Julius Benninghaus/Endemann (1870 -1926), Pater August Benninghaus (1880-1942), Johanna gr. Beilage (geb. Pieper), Karl Pieper, Dr. iur. Heinrich Benninghaus(1885-1955),Benedikt Kuiter (1871-1920), Pfarrer Theodor Benninghaus (1873-1928), Dr. med. Georg Benninghaus (1883-1958)
sitzend von links: Maria Endemann, Agnes Pieper (geb. Benninghaus,1871-1958), Oma Caroline Benninghaus (geb. Möllmann, 1847-1922), Johanna Kuiter (geb. Benninghaus,1878-1919), Maria Benninghaus (geb. Huber) mit Kind Georg
unten von links: Johanna Benninghaus (1914-1996), Alois Benninghaus (1916-1923),Georg Benninghaus(1912-2003)

Am 28. Juni 1919 musste Deutschland den Versailler Vertrag unterschreiben: Deutschland musste zahlreiche Gebiete abtreten, vor allem im Osten (die dann an den neuen Staat Polen übergingen), sowie seinen gesamten Kolonialbesitz dem Völkerbund unterstellen. Die Vereinigung Deutschlands mit Österreich wurde untersagt. Deutschland und seinen Verbündeten wurde die alleinige Kriegsschuld gegeben, es wurden Reparationsforderungen gestellt aber noch nicht vertraglich festgelegt. Das Saarland war dem Völkerbund unterstellt und das Rheinland entmilitarisierte Zone. Außerdem gab es massive Beschränkungen für die deutsche Armee. Dieser Vertrag wurde in Deutschland als ungerecht empfunden.

Nach Kriegsende wurde Pater Benninghaus mit der Betreuung der Jugendverbände und mit der Seelsorge an einem Krankenhaus in Köln-Deutz beauftragt. Er war Mithelfer im Bund Neudeutschland (ND), einem katholischen Schülerverband, und als Präses von Gymnasiasten-Kongregationen in Opladen und Köln-Mühlheim tätig. Etliche Deutzer und Kölner Jungen konnte er zur Erholung nach Druchhorn und nach Ankum vermitteln.

Am Leben seiner Familie nahm Pater Benninghaus sehr rege teil. Zur Hochzeit seines Bruders Heinrich am 20. 9. 1920 mit Berta gr. Beilage kam die Familie auf dem Hof in Osteressen i.O. zusammen.

P. Benninghaus sitzend, 4.v.r.

Im Januar 1923 besetzten französische Truppen das Ruhrgebiet, um ausstehende Reparationsforderungen einzutreiben. Die Reichsregierung unterstützte den ausbrechenden Ruhrkampf finanziell.

Sorgen machte man sich wegen der galoppierenden Inflation, die das Geld entwertete. Man rechnete mit Billionen Mark. Die Druckpressen für die Geldscheine konnten mit dem rasanten Tempo der Entwertung nicht mitkommen. So wurden bisweilen die Scheine einfach mit den immer höheren Werten nur gestempelt. Der Verkauf von Vieh wurde nur sehr vorsichtig vorgenommen. Der Erlös musste noch am selben Tag wieder ausgegeben werden, weil das Geld am nächsten Tag nur noch die Hälfte wert war. Die Inflation wurde erst im November durch eine Währungsreform beendet .

Bayern wurde zum Sammelbecken rechter, konservativer Kräfte. In diesen Klima vollzog sich der Hitler-Putsch, der zwar fehlschlug, aber Hitler zu Bekanntheit verhalf.

Im Jahre 1924 übertrug der Orden Pater Benninghaus das Amt eines Exerzitienmeisters. Als solcher wirkte er ab 1925 in Niederkassel am Rhein, Münster/Westfalen und im Kloster Bethlehem bei Bergheim/Erft. Unter Exerzitien versteht man Zeiten, in denen sich Einzelne oder Gruppen intensiv und mehr als für sie selbst sonst üblich dem Gebet und der Besinnung widmen. Als Hilfe für sich selbst wie für andere, die später nach seinem Vorbild Exerzitien begleiteten, verfasste Ignatius unter dem Titel „Geistliche Übungen" ein Büchlein, das in einer sehr konzentrierten Sprache Hinweise zum gesamten Ablauf der Exerzitien wie zu den einzelnen Übungen enthält.

In ihrer Grundform lagen die Übungen des Ignatius schon 1533 in Paris auf Spanisch vor. Die Exerzitien dauern vier Wochen, die nacheinander den Themen der Sünde, des Lebens und der Nachfolge des irdischen Jesus, des Leidens und Sterbens Jesu und als letztes seiner Auferstehung gewidmet sind. Neben der Teilnahme an der Eucharistie und zwei kürzeren Zeiten der Gewissenserforschung erwartet Ignatius von den Teilnehmern an seinen Exerzitien täglich fünf Stunden Gebet. Die Exerzitien finden im Schweigen statt. Oft werden aber auch kürzere Übungszeiten angeboten.

Die Kurse von Pater Benninghaus waren eine anstrengende Angelegenheit, denn hier entfaltete er seine ganze Leistungskraft. In den Pausen zwischen den Kursen teilte er gedruckte oder geschriebene Briefe an ehemalige Teilnehmer aus, um ihren Eifer wachzuhalten. Bei einem Schlußvortrag hat ihn P. Ferdinand Conrath einmal in der Kapelle erlebt: „Da sprach er und am Schlusse betete er auf dem Boden vor dem Marienstandbild kniend mit einer Innigkeit und einer so echten, kernigen, überzeugenden Frömmigkeit, daß er alle förmlich bezwang, sicher auch das Mutterherz im Himmel."

Ein Beispiel für die Exerzitien mit P. Benninghaus sind die Tage in Simmerath im Jahr 1925. Am festgelegten Tag zog eine ansehnliche Schar Jünglinge für drei Tage in das Simmerather Krankenhaus, wo die Exerzitien stattfanden. Der Jesuit Benninghaus hielt die Einkehr. Es wurde absolutes Schweigen zwischen den Exerzitanten vereinbart. Wer redete, war allein Pater Benninghaus. Aber so klar und inverblümt wie es in einer Kirchenpredigt kaum möglich ist. Hier kam jeder in die „Seelenmangel". Beim Abschied vom Leiter der Exerzitien umringten alle Teilnehmer den Pater und riefen: „Können wir nicht noch acht Tage hier bleiben?" Bei der Schlußfeier erhob sich spontan ein Junge zu einer großartigen Dankansprache an den Exerzitienleiter. Alle waren ergriffen. Der anwesende Dechant Offermann mußte bekennen, so etwas in seiner ganzen Tätigkeit noch nicht erlebt zu haben. „Diese Exerzitien haben den Beweis gebracht, daß die ewigen Wahrheiten, die keine Anpassung an den Zeitgeist kennen und keinem Wechsel unterworfen sind, durchaus die idealen Kräfte wecken können, die in allen jugendlichen Herzen schlummern. Dazu kam in diesem Fall, daß der geistliche Leiter ein wirklicher Fachmann auf dem Gebiet der Exerzitien war."

Nach seiner Rückkehr war ein Teilnehmer aus dem Nachbarort so begeistert, daß er sofort zu seinem Pastor lief und bekannte, was ihm auf der Seele brannte. Es war eine kurze Predigt, wie der Pfarrer noch keine gehalten hatte. „Herr Pastor, wir sind keine Christen, nein, wir sind keine Christen! Das muß anders werden!" Man kann sich denken, daß der Pfarrer zunächst sprachlos war. So etwas hatte er noch bei keinem Besuch erlebt. Erst als der junge Mann ihm eröffnete, daß er soeben aus den Exerzitien kam, ging ihm ein Licht auf. Nach dreitägigem Schweigen konnte der Junge wie ein Apostel reden: Das war das Pfingstwunder von Simmerath.

In Twist im Emsland hatte Pater Benninghaus im Juni 1925 mehrtägige Exerzitien für die Pfarrgemeinde gehalten. Hier war seit 1916 sein Bruder Theodor Pfarrer, der drei Jahre später am 19. August 1928 starb. Pater Benninghaus gab nach dem Tod seines Bruders ein Ölgemälde in Auftrag, das in Druchhorn in der besten Stube hing und von dem Bruder Gustav bezahlt worden ist.

Pfarrer Theodor Benninghaus

Der Pater teilte hier wie auch an vielen anderen Orten ein Erinnerungsbildchen aus:

1. Der ewige Gott hat mich gemacht.
Ich trage Gottes Bild im Herzen:
getauft - gefirmt: bin Gotteskind !
Ein Christ bin und bleib ich!
2. Nur seinen Willen darf ich tun:
bin zu gross,
um Sklave von Menschen oder
Leidenschaften zu sein.
3. Und seinen Willen MUSS ich tun;
ich geh zurück zu Gott,
und dann entweder
Himmel oder Hölle.
Darum nie eine Todsünde!

Rette deine Seele!

Bete - *es ist deine grösste Ehre.*
Arbeite - *an erster Stelle für den Himmel.*
Kämpfe - *unter der Fahne Christi.*
Rette - *auch andere möchten in den Himmel.*

Es bittet um ein Vaterunser
der Exerzitienmeister
P. Aug. Benninghaus SJ

Nach Ende der Inflationszeit wurde auch auf dem Hof die Arbeit mit mehr Freude aufgenommen. Im Jahr 1925 wurde die Diele ausgebaut. Für die Kühe wurde ein neuer Hochstand errichtet. Dadurch wurde die Melkarbeit wesentlich erleichtert, und auch die Milchgewinnung wurde wesentlich sauberer. In diesem Jahr wurde Druchhorn auch an das Stromnetz angeschlossen. Die Zuleitung zum Hof wie auch die Installation im Haus erforderte viel Geld.

Zum Hof gehörten zwei Heuerlingsstellen. Der Heuermann erhielt vom Bauern Wohnhaus und Land. Dafür zahlte er mit Bargeld und seiner Arbeitsleistung. Es sind die Häuser Nummer 54 und Nummer 55, die 1925 errichtet wurden, nachdem ein Brand das Doppelheuerhaus vernichtet hatte, das vorher an der Stelle von Nr. 55 stand. Doch auch diese Ausgaben konnten beglichen werden, obwohl die Situation infolge der Weltwirtschaftskrise immer schlechter wurde. Die Arbeitslosigkeit nahm immer mehr zu. Ein Knecht verdiente nur noch 20 Mark monatlich.

Als 1929 die Landwirtschaft in große Not geriet, konnten in der Umgebung und im ganzen Land die Abgaben nicht mehr bezahlt werden. Zwangsversteigerungen von Höfen waren an der Tagesordnung. In dieser Situation trat der Bruder Heinrich gr. Beilage in der Öffentlichkeit in Erscheinung. Er hatte bei der Eheschließung den Hofnamen angenommen und bewirtschaftete als promovierter Jurist den Hof vorbildlich. Aus der Protestbewegung ging als Neugründung die Christlich-nationale Bauern- und Landvolkpartei hervor. Auf Anhieb schickte die Partei drei Abgeordnete in den oldenburgischen Landtag; einer davon war Dr. Heinrich gr. Beilage. Er war ein hartnäckiger Gegner der NSDAP, die vor allem in Nordoldenburg immer mehr Anhänger fand.

Bestärkt durch seinen Jesuitenbruder kritisierte Heinrich scharf die Einstellung der Nationalsozialisten wegen ihrer weltanschaulichen Einstellung. Auch nach der endgültigen Machtübernahme 1933 konnte er seine Kritik in der Öffentlichkeit nicht unterlassen. Aus Anlaß des 80. Geburtstages seines Schwiegervaters hißte er auf dem Hof die schwarz-weiß-rote Fahne.

Daraufhin wurde er verhaftet und musste für drei Wochen in das Gefängnis in Vechta. Später wurde er wegen eines anderen „Deliktes" für drei Monate in Schutzhaft im KZ Papenburg-Esterwegen (Emsland) genommen. In der Haft lernte er Carl von Ossietzky kennen. Trotz der weltanschaulichen Differenzen zwischen beiden schätzte er ihn wegen seiner Charakterstärke und Aufrichtigkeit. „Wenn jeder Kommunist solchen aufrichtigen Charakter hätte wie Ossietzky, ...!" Nur auf Bitten eines einflussreichen Verwandten gelangte Heinrich wieder in die Freiheit.

Ab 1928 wurde Pater Benninghaus in Münster Diözesanpräses der Männergemeinschaften. Er wirkte als Leiter der Exerzitienkurse und als Volksmissionar im Kettelerheim in Münster. Von seinem Zimmer hatte er einen Blick auf den Marienplatz. Sein Zimmernachbar war P. Emmerich Raitz von Frentz, mit dem er sich gut verstand. P. Raitz von Frentz erzählt: „Wir saßen häufig zu einem kurzen Plauderstündchen zusammen; dafür hatte Benninghaus ein besonderes Verständnis, wusste vieles zu erzählen. Bei Tisch war er häufig recht lebhaft, meist auf der konservativen Seite. Mit manchen Geistlichen der Stadt und Umgebung war der Pater gut bekannt und besuchte sie auch manchmal zu einem Spielchen. Als wir einmal einen richtigen Exitus [Ausflug, Spaziergang] mitsammen machten, nahm ich wahr, wie sehr ihn der Pfarrer, bei dem wir einkehrten, schätzte. Trotz seiner vielen Arbeiten nahm er es mit seinen geistlichen Übungen überaus genau. Ganz wollte er das Ideal des Ordens verwirklichen. Und man spürte immer mehr, wie unter der rauen Schale ein goldener Kern steckte."

Der Aufstieg der Nationalsozialisten

Der Ausbruch der Weltwirtschaftskrise leitete den Anfang vom Ende der Weimarer Republik ein und 1930 begann die letzte Phase der Weimarer Republik. Im Sommer 1932 erreicht die Arbeitslosenzahl die Höhe von 6 Millionen. Es kam zu einer Radikalisierung der politischen Lage und zu Straßenschlachten zwischen der NSDAP und der KPD. 1931 schlossen sich rechte Kräfte in der Harzburger Front zusammen.

Bei den Reichstagswahlen vom 31. Juli 1932 konnte die NSDAP zwar noch einmal 37,4 Prozent Stimmenanteil erreichen, aber ein Ende der Zuwachsraten war absehbar. Bei der Wahl zum siebten Reichstag am 6. November erreichte die NSDAP 196 Mandate, die SPD 21, die KPD 100 von insgesamt 584 (somit erzielte die NSDAP nur 33,1 Prozent). „Zur absoluten Mehrheit kommen wir so nicht", notierte Goebbels in seinem Tagebuch. „Also einen anderen." Für den Propagandaleiter konnte das nur eine Abkehr vom Legalitätskurs oder vom Verlangen der NSDAP nach der ganzen Macht bedeuten.

Reichspräsident Paul von Hindenburg ernannte Hitler am 30. Januar 1933 zum Reichskanzler. Als am Abend des 30. Januar 1933 Anhänger der Nationalsozialisten den lang ersehnten „Tag der Machtübernahme" mit Fackelzügen durch das Brandenburger Tor feierten, markierten die triumphierenden Kundgebungen auch symbolisch das Ende der Weimarer Republik. Hitlers Absicht, eine von jeder Kontrolle durch den Reichstag befreite, autoritäre Regierung zu etablieren, die das von vielen Deutschen empfundene „demokratische Chaos" der Weimarer Jahre überwinden sollte, verwirklichten die Nationalsozialisten innerhalb kürzester Zeit. Unter Wahrung des Anscheins verfassungsmäßiger Legitimität verstanden sie es, politische Gegner auszuschalten und sich der staatlichen Machtinstrumente zu bemächtigen.

Der Reichstag brannte am 27./28. 2. 1933. Noch in der Brandnacht beschuldigte Hitler die Kommunisten der Brandstiftung. Anschließend konnte er durch den Erlass von Notverordnungen Grundrechte außer Kraft zu setzen. Am folgenden Tag wurde das Instrument der „Schutzhaft" eingeführt. Damit hatte man freie Hand zur Einrichtung der Konzentrationslager. Mit dem Inkrafttreten des Ermächtigungsgesetzes am 23. 3. 1933 begann im Deutschen Reich die nationalsozialistische Diktatur. Am 4. Februar folgte eine Notverordnung, die zwar „Zum Schutz des deutschen Volkes" überschrieben war, aber in Wahrheit der NSDAP den Wahlsieg sichern sollte. Sie gab der Hitlerregierung das Recht, politische Versammlungen und Kundgebungen sowie Zeitungen und Druckerzeugnisse zu verbieten.

Die Reichstagswahl vom 5. März 1933 besaß keinerlei freien Charakter. Gemessen an dem hohen Maß an Einschüchterung und propagandistischer Beeinflussung waren die 43,9 Prozent für die NSDAP eine tiefe Enttäuschung. Nur zusammen mit den acht Prozent der „Kampffront Schwarz-Weiß-Rot" erreichte die NSDAP eine parlamentarische Regierungsmehrheit im Reichstag. Direkt nach dem Reichstagsbrand am 27.2.1933 erfolgte die Zerschlagung der KPD, im Juni 1933 wurde die SDP verboten. Das Gesetz zur Sicherung der Einheit von Partei und Staat vom 1. Dezember 1933 schloß den Prozeß zum Einparteienstaat ab. Die NSDAP war eine zentralistische Führerpartei mit Adolf Hitler als unumschränktem Führer an der Spitze. Sie hatte Anfang 1933 1,5 Millionen Mitglieder. Bis zum Ende des Dritten Reiches wurden es ca. 8,5 Millionen. Am 23. März nahm der Reichstag das von Hitler eingebrachte „Ermächtigungsgesetz" (Gesetz zur Behebung der Not von Volk und Reich) an. Hitler gelang es, mit Zustimmung der bürgerlichen Parteien, insbesondere des Zentrums, die Zweidrittelmehrheit zu erhalten.

Mit dem Gesetz sollte die Regierung die Ermächtigung erlangen, ohne Zustimmung von Reichstag und Reichsrat sowie ohne Gegenzeichnung des Reichspräsidenten Gesetze zu erlassen. Die Übertragung von Gesetzgebungsbefugnissen auf die Regierung hob die Gewaltenteilung auf und bildete die rechtliche Grundlage für das autoritäre Herrschaftssystem eines auf Hitler ausgerichteten nationalsozialistischen Führerstaates.

Als Nationalsozialismus bezeichnet man die Weltanschauung, die das Denken und Handeln der Machthaber in Deutschland in den Jahren 1933 bis 1945 bestimmte. Es lassen sich als Hauptmerkmale benennen: 1. Rassismus, insbesondere Antisemitismus, der im Holocaust gipfelte, 2. Euthanasie und „Rassenhygiene", 3. Antimarxismus, Antikommunismus, Antibolschewismus, 4. Ablehnung der Demokratie, 5. Führerprinzip, 6. Verherrlichung der Volksgemeinschaft, 7. Sozialdarwinismus, 8. Verteidigung von „Blut und Boden", 9. Militarismus, 10. Faschismus, 11. Gottlosigkeit.

Deutsche Bischöfe hatten in Hitler den unversöhnlichen Feind des Christentums gesehen, der eine Entkonfessionalisierung des öffentlichen Lebens anstrebte. Hatten sie bisher Stellung gegen den Nationalsozialismus genommen, so gab es jetzt vom neuen Regime eine ganze Reihe von überraschenden Vertrauenskundgebungen im Rahmen der proklamierten „nationalen Neugestaltung". Am 20. Juli 1933 wurde das Reichskonkordat unterzeichnet. Hitler machte der katholischen Kirche weitgehende Zugeständnisse. Aber es waren Versprechungen, die nie eingehalten werden sollten. Dagegen lag für Hitler der Gewinn darin, daß Geistlichen die Mitgliedschaft in politischen Parteien untersagt war. Ihr Widerstand im parteipolitischen Raum war ausgeschaltet, und der Weg zum Einparteienstaat frei. Gleichzeitig konnte Hitler mit dem Vertragsabschluß seine Stellung gegenüber den deutschen Katholiken festigen, denn aus deren Kreisen kam bisher der wenigste Zuspruch bei den Wahlen. Die seit über 60 Jahren bestehende katholische Partei, das Zentrum, die den Kulturkampf mit Preußen siegreich überstanden hatte, war Anfang Juli bereits aufgegeben worden. Noch 1933 erhielt das Zentrum in vorwiegend katholischen Regionen mehr Stimmen als die NSDAP.

Pater Benninghaus war mit seinem Motorrad, seinem Dienstfahrzeug, beweglich. Er benutze es nicht nur, um an seine verschiedenen Einsatzorte zu gelangen, sondern auch für Fahrten von Münster nach Druchhorn. Aber er fuhr die Strecke von 100 Kilometern auch gerne mit der Bahn, wobei er sein Fahrrad mitnahm, um von der Bahnstation in Bersenbrück aus die Sandwege zum heimatlichen Hof zurückzulegen.

„August wieder Daheim!"

Etwas weltfremd oder zumindest wenig vertraut mit Hausfrauensorgen mag Pater Benninghaus bisweilen gewesen sein. Bei seinem Bruder Georg, der Arzt in Heiligenstadt war, meldete er sich einmal gegen 11 Uhr telefonisch zum Mittagessen an. Das Entsetzen seiner Schwägerin Maria war groß, als sich weitere 17 Jesuiten in seiner Begleitung befanden. Sie stammte aus Straßburg und pflegte sorgfältig zu kochen. – Streng konnte er durchaus sein. Jungen, die er beim Kartenspiel in einer Heiligenstädter Kirche erwischt hatte, versetzte er an Ort und Stelle ein paar kräftige Ohrfeigen. Die Eltern lobten noch Jahre später diese Erziehungsarbeit.

Gerne verbrachte er Ferientage in seinem Vaterhaus. Sein Brevier, das priesterliche Stundengebet, betete er auf den Wegen rund um den eichenumstandenen Hof. Hier bereitete er sich auf seine Kurse vor und machte sich handschriftliche Aufzeichnungen für Predigten. Seine Grundgedanken waren schlicht und einfach:

> **Den Glauben findet der Mensch,**
> **wenn er aufrichtig auf die Zeichen schaut.**
> **Zeichen ist vor allem Christus selbst.**
> **Die Wahrheit bezeugt sich selbst.**
> **Das Zeugnis der Kirche ist Christus.**
> **Wer an ihn glaubt, wird nicht gerichtet;**
> **wer nicht glaubt, ist schon gerichtet.**
> **Folgt Christus nach:**
> **Er ist der Weg, die Wahrheit und das Leben**

Die Auseinandersetzung mit den Machthabern

Sein fester Glaube und sein offenes Wesen brachten Pater Benninghaus unausweichlich in Konflikt mit den Machthabern. Bereits während einer Gebetswoche 1934 in Ankum, die außerordentlich gut besucht war, musste er sich vor dem NSDAP-Ortsgruppenleiter A. Fischer verantworten. In einer Predigt hatte er erklärt, daß die Kirche seit Zeiten Karls des Großen in Ankum gegründet sei. A. Fischer hingegen sah das III. Reich als Erben Karls an. Die Frage des Jesuiten, wann denn Karl gelebt habe, blieb unbeantwortet und beendete das Gespräch schlagartig.

Mit großem Propagandaaufwand wurde in Berlin am 3. 6. 1934 eine Sonnenwendfeier veranstaltet. Langfristig wollte die NSDAP christliche Feiern und Riten in den Hintergrund drängen.

Am 2. 8. 1934 starb Hindenburg mit 86 Jahren auf seinem Gut Neudeck. Hitler übernahm nun auch das Amt des Reichspräsidenten. Er nannte sich fortan „Führer und Reichskanzler". Die Reichswehr wurde von nun an nicht mehr auf die Verfassung, sondern auf die Person Hitlers vereidigt.

Aus dem Kloster Bethlehem in Bergheim/Erft schreibt der vielbeschäftigte Exerzitienmeister am 20. August 1934 an seinen Bruder Georg nach Heiligenstadt:

„Die geh. Staatspolizei hat uns all die Zeit in Ruhe gelassen, auf eine Anweisung des Regierungspräsidenten hin."

Auf den Ratschlag seines Bruders hin legt er jetzt einen ersten Obsttag ein; im Klostergarten gibt es eine Fülle von Pflaumen, Äpfeln und Weintrauben. Sobald die Arbeit etwas ruhiger wird, hofft er auch, einen empfohlenen Milchtag probieren zu können. Am meisten fehlte ihm ein Schwimmbad zur sportlichen Bewegung.

„So eine Badewanne ist ja gut für eine Kröte oder ähnliches Getier, aber ein langer Germane springt lieber in einen Fluss und haut um sich wie ein Walfisch."

Im Jahr 1936 hatte Pater Benninghaus seinen 600. Exerzitienkurs gehalten, wozu ihm der Pater Generalobere aus Rom ein Glückwunschschreiben schickte. Vom Pater Provinzial erhielt er ein neues Brevier. Er selbst nennt seine Kurse „Badekur" und kann in diesem Jahr auffallend viele Bekehrungen bei den Teilnehmern verzeichnen.

Von Bergheim aus hält er halboffene Besinnungstage in verschiedenen Gemeinden, meist für alle Gruppen der Pfarrei. Tage mit ihm in Oberheimbach a. Rhein müssen die Teilnehmer so ergriffen haben, daß Dechant Julius Höltzenbein zu einem Vergleich greift. Er sieht in Pater Benninghaus den Paulus des Galaterbriefes: „Wo ist nun eure selige Begeisterung? Denn ich bezeuge euch, ihr hättet, wenn es möglich gewesen wäre, euch die Augen ausgerissen und sie mir gegeben." (Gal 4,15)

P. Benninghaus (2.Reihe von oben, 1.v.l.)
mit Exerzitienkurs

Am 12. Januar 1936 schreibt Pater Benninghaus an seinen Bruder Georg:

„Augenblicklich herrscht hier zulande eine sonderbare Ruhe bzl. [bezüglich] der Priester. Freilich ist ja vor ca. 14 Tagen mein Mitbruder Spieker zu 15 Monaten verurteilt worden und zwar von einem Staatsanwalt, der früher wenigstens, ob jetzt noch, weiss ich nicht, sehr oft zur hl. Kommunion ging.

...Prüfungen müssen kommen, aber es ist nicht angenehm, wenn man an der Reihe ist."

Vorsichtig bat er die Verwandtschaft um Mithilfe bei der Unterstützung des Ignatius-Collegs in Valkenburg. Um nicht gegen die scharfen Devisenbestimmungen zu verstoßen, durfte der Jesuit nur noch einmal im Monat vom Kloster Bergheim 10 Mark mit der Post über die Grenze nach Holland schicken. Wenn jemand aus der Familie helfen wollte, wurde der sichere Postweg für die jeweiligen 10 Mark mitgeteilt.

1936 wurde aus Anlaß der Silbernen Hochzeit der Eltern ein steinernes Hofkreuz in Druchhorn aufgestellt, das Pater Benninghaus einweihte. Es stammt von dem Bildhauer „Hellerbernd", das ist Bernhard Heller (geboren 1878 in Borsum/Emsland), der nach seiner Schulzeit bei dem Kunsttischler Uphus in Meppen eine Lehre als Tischler absolvierte. Anschließend ging er nach Münster, um sich bei dem damals bekannten Bildhauer Prof. Schmiemann weiter ausbilden zu lassen. Bevor der erste Weltkrieg ausbrach, gründete er in Rhede eine eigene Werkstatt und führte erste Aufträge aus. Von Lathen wurde das Denkmal in Einzelteilen auf Stroh mit dem Pferdewagen nach Druchhorn geholt. Der Sockel trägt die Inschrift:

Mein Jesus - Barmherzigkeit – Errichtet 1936.

Hofkreuz Benninghaus

P. Benninghaus 1936 in einer Druchhorner Pferdekoppel

Seine Geschwister wollten ihm in diesen Tagen einen Streich spielen. Sein Bruder Gustav erklärte ihm im Brustton der Überzeugung, daß er nun nicht mehr zur Beichte gehe. Der Pater erbleichte. Fragend blickte er in der großen Bauernküche umher. Sein Bruder Georg bekräftigte, nein, sie alle gingen jetzt nicht mehr zur Beichte. Nur kurze Zeit konnten sich die Geschwister ihr schallendes Lachen verkneifen. Es brauchte aber einige Anstrengung, um den aufgebrachten Pater davon zu überzeugen, daß man ihn nur hatte necken wollen und daß man sich einen Scherz mit ihm erlaubt hatte.

In Tagen der Erneuerung der Gelübde in der Gesellschaft Jesu schrieb Pater Benninghaus ein Gedicht auf, das seine Gefühle und Gedanken zum Ausdruck bringt:

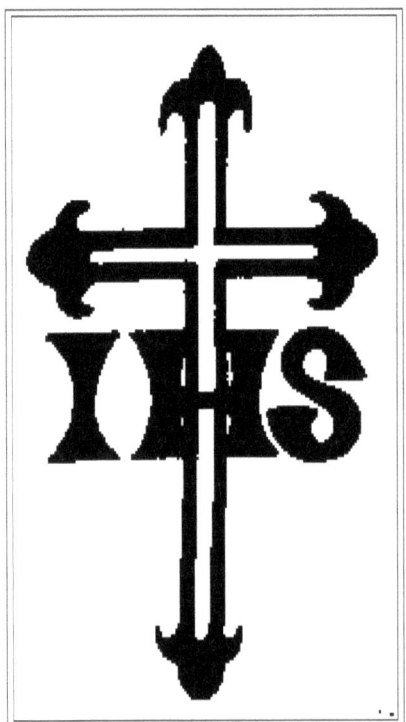

Aus Liebe nur, von keiner Macht gezwungen,
hab ich o teure Schar dich ausersehn.
Im Kampfe sah ich dich vom Feind umrungen
und doch dein Banner immer mächtig stehn.
Ich sah, wenn schwerste Arbeit dir gelungen,
zum Himmel dich um neue Arbeit flehn.
Drum hab ich deine Fahne auserkoren,
die laß ich nicht, ich hab' es Gott geschworen.

*

Die laß ich nicht, und müsst ich bettelnd wallen
von Tür zu Tür in der rauhesten Zeit,
die lass ich nicht und müsst ich endlich fallen
nach heißem Kampf im blutgetränktem Kleid.

*

Für dich, mag auch der Welt Gelächter schallen,
bin ich zu Schmach und Ehre gleich bereit:
Denn deine Fahne hab ich auserkoren,
die laß ich nicht, ich hab' es dir geschworen.

*

O Heiland in des Himmels lichten Höhen,
der du der Schar dein Banner hast verliehen,
der du mich hießest zu dem Kranze stehen,
ihm nach durch steten Kampf zum Siege ziehen,
o wollest gnädig auf mich niedersehen,
daß nie die Kräfte mir im Streite fliehen!
Denn deine Fahne hab ich auserkoren,
die laß ich nicht, ich hab' es dir geschworen.

*

Und du Maria in des Himmels lichten Höhen,
in der ich früh die beste Mutter fand,
o führe mich zum Heiland, deinem Sohne,
der mich in Schlachten heiß und wild gesandt,
daß noch im Tod, für alle Müh' zum Lohne,
sein Banner halte die erstarrte Hand!
Denn seine Fahne hab ich auserkoren,
die laß ich nicht, ich hab' es ihm geschworen!

1936 tagte ein Sondergericht in Köln wegen Pater Benninghaus. Der Vorwurf lautete, der Jesuit habe sich dahingehend geäußert, daß die Kirche schon viele Reiche überdauert habe.

Schon im März 1933 waren Sondergerichte eingerichtet worden als besondere Strafgerichte bei den Oberlandesgerichten, für die die normale Prozeßordnung nicht galt. Es waren auch keine Rechtsmittel zulässig. Die Sondergerichte verurteilten insgesamt etwa 11000 Menschen zum Tode. Die Sondergerichte waren ab Herbst 1939 auch für bestimmte Eigentums-, Gewalt- und Wirtschaftsvergehen zuständig. Diese reichten von Schwarzschlachtung über Lebensmittelkartenbetrug bis zu Diebstahl „unter Ausnutzung des Kriegszustandes". Die Zahl der Verurteilungen übertraf bei weitem die des berüchtigten „Volksgerichtshofs", der seit 1934 für Hoch- und Landesverrat zuständig war. Die Beschreibung eines Rechtsanwalts aus dem Jahre 1938 traf vollkommen zu: „Seine Aufgabe ist nicht die, Recht zu sprechen, sondern die Gegner des Nationalsozialismus zu vernichten." Die insgesamt 5000 Todesurteile des Volksgerichtshofs trafen Widerstand Leistende aus allen Kreisen und Schichten.

Die nationalsozialistische Herrschaft gründete sich auf Zustimmung, Verführung und Gewalt. Die Zustimmung der Bevölkerung wurde zudem durch Propaganda und Inszenierungen des Hitler-Kultes aufrechterhalten und immer wieder neu angefacht. Zum Herrschaftssystem gehörte aber auch der Druck der Massenorganisationen auf jeden einzelnen. Damit wurde die Illusion der nationalsozialistischen „Volksgemeinschaft" erzeugt und am Leben gehalten. Für diejenigen, bei denen diese Mischung aus Propaganda, Lockung und Zwang nicht ausreichte, gab es ein weiteres System von Verboten, Strafen und Terror, das bis zum Ende der NS-Herrschaft immer wieder erweitert wurde. Kritik am Regime, wie sie von Pater Benninghaus in Predigten geäußert wurde, war Straftatbestand, gegen den der NS-Staat mit unerbittlicher Härte vorging. Zu den Instrumenten gehörte das „Heimtückegesetz" vom 20. Dezember 1934 (Gesetz gegen heimtückische Angriffe auf Staat und Partei und zum Schutz der Parteiuniformen).

Gegen politische Gegner diente die Einweisung ins KZ. wo sie dann der Willkür der SS preisgegeben waren, ohne daß die Justiz sich darum kümmerte. Das „Heimtückegesetz" war der Maulkorb gegen damals sogenannte „Meckerer und Miesmacher". Von diesem Gesetz machte die NS-Justiz reichlichen Gebrauch.

Die angestrengten Verfahren beriefen sich auf § 2:
„(1) Wer öffentlich gehässige, hetzerische oder von niedriger Gesinnung zeugende Äußerungen über leitende Persönlichkeiten des Staates oder der NSDAP., über ihre Anordnungen oder die von ihnen geschaffenen Einrichtungen macht, die geeignet sind, das Vertrauen des Volkes zur politischen Führung zu untergraben, wird mit Gefängnis bestraft.
(2) Den öffentlichen Äußerungen stehen nichtöffentliche böswillige Äußerungen gleich, wenn der Täter damit rechnet oder damit rechnen muß, daß die Äußerung in die Öffentlichkeit dringen werde."

Am 20. 4. 1936 wurde Pater Benninghaus jedoch vom Vorwurf freigesprochen, gegen das Heimtückegesetz verstoßen zu haben. In dieser Zeit war er zwei Jahre als Volksmissionar in Hannover tätig.

Auf Wallfahrten, die er an verschiedenen Orten organisierte, bestärkte er die Teilnehmer in ihrer christlichen Haltung. Laut Runderlaß des Preußischen Ministerpräsidenten Hermann Göring waren nur althergebrachte Wallfahrten erlaubt. Jede Teilnahme war öffentliches Eintreten für den katholischen Glauben und die Kirche. Eine Wallfahrt im Jahr 1937 stellte Pater Benninghaus unter das Motto: „Bis in den Tod die Treue!" Der Inhalt seiner Predigten war, daß die Liebe zu Gott an erster Stelle stehen muß. Seinem Dienst ist nichts vorzuziehen.

Wallfahrt 1937: „Bis in den Tod die Treue"
im Hintergrund Pater Benninghaus predigend

Wie sehr die NS-Führer bereits 1935 die katholische Kirche als Gegner gesehen hat, wird aus Görings Runderlaß vom 16. Juli 1935 deutlich:

„... Für die Kirche entfällt... jede Veranlassung, über das Gebiet der religiösen Betätigung hinaus politische Einflüsse aufrechtzuerhalten oder von neuem anzustreben. Sie darf daher weder Gott anrufen gegen diesen Staat, eine Ungeheuerlichkeit, die wir in offener und versteckter Form allsonntäglich erleben können, noch darf sie eigene politische Kräfte unter der fadenscheinigen Begründung organisieren, sie müsse ihr vom Staat her drohende Gefahren abwehren. Wir dulden diese Bestrebungen nicht, deren Träger früher das Zentrum war; wir bekämpfen sie auf das schärfste ... Von der Kanzel setzen sie staatliche Einrichtungen und Maßnahmen ohne Scheu herab ... Es ist so weit gekommen, daß gläubige Katholiken als einzigen Eindruck aus dem Besuch des Gottesdienstes mitnehmen, daß die katholische Kirche alle möglichen Einrichtungen des nationalsozialistischen Staates ablehnt, weil in den Predigten fortgesetzt auf politische Fragen und Tagesereignisse in polemischer Weise angespielt wird. In manchen Landesteilen vergeht fast kein Sonntag, an dem nicht die religiöse Ergriffenheit des Gottesdienstes zur Verlesung sogenannter 'Kanzelerklärungen' über rein politische Dinge mißbraucht wird..."

Seit Ende 1935 gab es heftige Auseinandersetzungen zwischen Teilen der katholischen Kirche und der Regierung Hitler um das Schulwesen, die Orden und die katholischen Jugend- und Arbeiterorganisationen. Gottesdienste wurde polizeilich überwacht und Kirchengelder entzogen. Ganz massiv wurde der Kirchenaustritt propagiert. Es kam Kritik an der NS-Kirchenpolitik auf, die in der Enzyklika „Mit brennender Sorge" (1937) von Papst Pius XI. gipfelte. Dieses Rundschreiben war mit Kurieren zu den Bischöfen und Pfarrern gelangt, so daß die Gestapo nichts davon erfuhr. Mancher Pfarrer bewahrte sein Exemplar nicht einmal im Pfarrhaus, sondern im Tabernakel in der Kirche auf. Zwei Wochen vor Ostern wurde es in allen katholischen Kirchen verlesen.

Der Papst wies zahllose Verletzungen des Konkordats nach. Scharf verurteilte er die Verherrlichung von Rasse, Volk und Staat, die einer Vergötterung gleichkam. Eindringlich forderte er die deutsche Jugend auf, die Treue zum Vaterland nicht über die Treue zu Gott und gegenüber der Kirche zu stellen. Diese Kampfansage beantwortete das NS-Regime zunächst mit haßerfüllter Verleumdung der Kirche und dann mit systematischer Verfolgung.

Am 28. August 1938 feierte Pater Benninghaus in Druchhorn und Ankum sein Silbernes Priesterjubiläum. Ab Sommer ist er wieder in Münster tätig. Hannover hatte er als schöne Stadt empfunden, aber er vermisste dort das Anheimelnde, das ihm aus Münster vertraut war. Hier fand sich auch eine größere Nähe zum Bischof von Münster, Graf von Galen, der mit den Jesuiten seit seinen Schülertagen im Jesuitenkolleg in Feldkirch (Österreich) gut vertraut war.

St. Augustinus:
„Der Priester, ein schwacher Mensch, verrichtet das geheimnisvolle Opfer: und himmlische Geister stehen ihm dienend zur Seite!"

Zur dankbaren Erinnerung

an mein

silbernes Priesterjubiläum

zu Ankum

28. August 1938.

P. August Benninghaus S.J.

„Gratias agamus Domino, Deo nostro!"

Nach dem Buß- und Bettag 1938 wurde wegen abfälliger Bemerkungen über den Nationalsozialismus ein Strafverfahren wegen erneuten Vergehens gegen das Heimtückegesetz gegen Pater Benninghaus eingeleitet. Im Monatsbericht vom Januar 1939 der Staatspolizeileitstelle Münster wird festgehalten: Gegen Benninghaus wurde ein Strafverfahren nach § 2 des Heimtückegesetzes eingeleitet, „weil er gelegentlich der religiösen Woche die Männer in Nordkirchen aufforderte, am Buß- und Bettag zur Kirche zu kommen, da sie an diesem Tage die Wahrheit erfahren würden. An diesem Tage sprach er in abfälliger Weise über den nationalsozialistischen Staat und stellte die nationalsozialistische Weltanschauung mit dem Kommunismus und dem Heidentum auf eine Stufe." Das Verfahren wurde jedoch aus Mangel an Beweisen im Sommer 1939 mit einer bloßen Verwarnung eingestellt.

Im November 1938 hatte Göring von der jüdischen Bevölkerung eine Milliarde Reichsmark Schadensersatz für die Gewalttaten der Nationalsozialisten in der Reichskristallnacht an den Juden gefordert.

Hitler hatte am 30. 1. 1939 in einer Reichstagsrede erklärt, daß die Juden schuld seien, wenn es Krieg gäbe. Für den Fall eines neuen Weltkriegs kündigte er die „Vernichtung der jüdischen Rasse in Europa" an.

Mit Kriegsbeginn am 1. September 1939 veränderten sich die vor den Sondergerichten verhandelten Straftaten weitgehend. Die politischen Delikte spielten zwar immer noch eine erhebliche Rolle. Das Geschehen wurde jedoch weit stärker durch Delikte bestimmt, die mit dem Krieg im Zusammenhang standen. Die alles beherrschende Rechtsvorschrift stellte die sofort im September 1939 erlassene „Volksschädlingsverordnung" dar. Grundsätzlich konnte nach dieser Verordnung nahezu in jedem Fall die Todesstrafe verhängt werden. Die „Ausnutzung der durch den Kriegszustand verursachten außergewöhnlichen Verhältnisse" lag auch bei einem Hasendiebstahl vor, da die Lebensmittel infolge des Krieges knapp waren.

Als weiteres Erfordernis kam hier hinzu, daß das „gesunde Volksempfinden wegen der besonderen Verwerflichkeit der Straftat" diese Strafe angeblich forderte. Alle Straftaten nach Einbruch der Dunkelheit konnten als unter „Ausnutzung der zur Abwehr von Fliegerangriffen getroffenen Maßnahmen" – der Verdunkelung – angesehen werden.

Aus dem Monatsbericht vom September 1939 der Staatspolizeileitstelle Münster geht hervor, daß Pater Benninghaus „im März 1939 in der Kirche in Borghorst von der Kanzel herunter scharf gegen die Einführung der Gemeinschaftsschule Stellung genommen" hat. Die Machthaber wollten unter Bruch des Reichskonkordats die Bekenntnisschule abschaffen und durch die „Deutsche Gemeinschaftsschule" ersetzen. Ein Strafverfahren bei der Staatsanwaltschaft Münster wurde wegen Vergehens gegen das Heimtückegesetz eingeleitet. Das beim Dortmunder Sondergericht angestrengte Verfahren endete jedoch am 25.10.1939 aufgrund der Führeramnestie vom 9. 9. 1939 mit einer Verwarnung.

Wegen staatsabträglicher Äußerungen in einer Predigt über das moderne Neuheidentum des Staates ermittelte das Sondergericht Dortmund im Mai 1940 erneut gegen Pater Benninghaus wegen Verstoßes gegen das Heimtückegesetz. Wiederum wurde das Verfahren aus Mangel an Beweisen am 9. 9. 1940 eingestellt, was für die Gestapo eine Niederlage bedeutete. Gestapo ist die Abkürzung für die „Geheime Staatspolizei". Sie war als „politische Polizei" dem Ministerium des Innern unterstellt. Sie hatte schrankenlose Machtbefugnisse, für sie galt nicht das allgemeine Polizeirecht, und sie war deshalb ein gefürchtetes Machtinstrument. Im Reichssicherheitshauptamt (RSHA), dessen Chef Obergruppenführer Heydrich war, wurden alle Informationen der Gestapo gesammelt und ausgewertet. Seinen Sitz hatte es in der Berliner Prinz-Albrecht-Straße 8. Im Amt IV war die Abteilung B 1 unter Regierungsrat Sturmbannführer Roth mit dem Katholizismus befasst. Von hier (IV A 6 b) stammten die Schutzhaftbefehle, die Geistliche betrafen. Als Grund wurde im Schutzhaftbefehl regelmäßig „staatsfeindliches Verhalten" genannt.

Das Weihnachtsfest 1940 verbrachten die zehn Jesuiten im Ignatiushaus stimmungsvoll mit „Klampfe und Flöte". Der junge Superior hatte für jeden einen Teller mit Leckereien organisieren können. In den letzten Monaten hatte die Bombardierung Münsters durch die Engländer aufgehört. Allerdings schienen die neuen Schutzgräben so fest gebaut zu werden, als ob etwas ganz Besonderes bevorstünde. Die jüngeren Jahrgänge mussten zu Beginn des Jahres 1941 zum Kriegsdienst einrücken, die älteren sollten bald folgen.

Mit dem deutschen Angriff auf die Sowjetunion am 22. Juni 1941 begannen die Massenexekutionen an Juden durch Einsatzkommandos unter Befehl Heydrichs.

Münster, Prinzipalmarkt, Rathaus und Lambertikirche

Die Verhaftung

Am 27. Juni 1941 verhaftete die Geheime Staatspolizei Pater Benninghaus abermals in Münster. Die Formulierung des Schutzhaftbefehls aus Berlin folgte dem Muster: „Er ist ein typischer Vertreter des politischen Katholizismus, der es sich angelegen sein lässt, der Partei und dem Staat nach Kräften Schaden zuzufügen." Der Monatsbericht Juni 1941 der Staatspolizeileitstelle Münster vermerkt dazu : Benninghaus „wegen staatsfeindlicher Äußerungen bei Rekrutenexerzitien in Schutzhaft genommen." Pater Benninghaus soll, wie man später erfuhr, am 22. Juni 1941 bei einem Einkehrtag für in den Militärdienst einberufene Männer im Ascheberger Katharinenstift staatsfeindliche Äußerungen von sich gegeben haben, was ein bestellter Spitzel verriet. Zunächst war Pater Benninghaus im Polizeigefängnis Münster. Das vor dem Sondergericht erneut angestrengte Verfahren endete mit Einstellung mangels Beweisen. Aber Pater Benninghaus war nun in der Gewalt der Gestapo.

Zusammen mit der ebenfalls verhafteten Sekretärin von P. Muckermann SJ, Nanda Herbermann, fuhr ihn die Gestapo zunächst nach Bochum. Dort war Vollalarm, das Dröhnen der englischen Bomber und heftiges Flakschießen waren zu hören. Doch das Gefängnis hatte keinen Platz mehr. So wurde er zusammen mit dem Jesuiten Dr. Albert Maring, der von zwei Abgesandten der Berliner Zentrale der Geheimen Staatspolizei im Reichssicherheitsamt in Lübeck am 3. 2. 1941 verhaftet worden war und seither im Polizeigefängnis Münster saß, nach einer Irrfahrt der ortsunkundigen Gestapoleute in das Polizeigefängnis Herne eingeliefert. Von dort gelang es Pater Benninghaus, durch einen Mann einen Briefumschlag zu Pater Superior Lambert Klassen SJ nach Dortmund zu schmuggeln. Handschriftlich hatte er in Latein darauf geschrieben: (deutsche Übersetzung) „Wir befinden uns hier im Gefängnis und bitten um Wäsche, Lebensmittel und Tabak." Pater Jakob Müller SJ gelang es, die beiden Mitbrüder dort zu sehen. Bald darauf wurden die beiden gefangenen Jesuiten nach Bochum überstellt.

Aus dem Ignatiushaus in Münster erhielten die Angehörigen folgenden Brief vom 7. Juli 1941:

„Geehrter Herr Benninghaus, leider muß ich Ihnen eine Mitteilung machen, die für Sie eben so traurig ist, wie sie es für uns schon war. Ihr Bruder August ist vor 8 Tagen ins Gefängnis gekommen. Man sagt, ein Wort in einer Predigt sei der Grund, doch kann ich nichts Sicheres darüber sagen. – Ein zweiter Grund, Ihnen Mitteilung zu machen ist der, daß Sie als Bruder eher die Möglichkeit haben, Ihren Bruder zu besuchen, während wir keinen Zutritt zu ihm erhalten. – Daß wir viel für Ihren Bruder beten, wie Sie es jetzt auch tun werden, versteht sich von selbst. Ich hoffe, daß er die schwere Prüfung gut besteht und durchhält. – Ihr ganz ergebener E. Raitz von Frentz."

Das nationalsozialistische Regime hatte zu diesem Zeitpunkt das größte Selbstbewusstsein erlangt. Sondermeldungen verkündeten im Radio unablässig Siegesmeldungen von der Front. Jetzt hielt man die Zeit für gekommen, endlich auch die Blut- und Rassetheorien in die Wirklichkeit umzusetzen: Am 31. Juli 1941 leitete ein Göring-Befehl die letzte Phase der Judenverfolgung ein. Göring gab Hitlers Befehl an Heydrich weiter, „die Endlösung" der sogenannten Judenfrage auf das gesamte von Deutschland beherrschte Gebiet Europas auszudehnen. Die NS-Führung beschloß die Ermordung aller im deutschen Machtbereich lebenden Juden. Die „Endlösung der Judenfrage" sollte nicht auf die Zeit nach dem erwarteten Sieg über die Sowjetunion verschoben werden. Die gnadenlose Ermordung von Millionen unschuldiger Opfer im Holocaust begann und die Vernichtung „lebensunwerten Lebens" durch systematische Euthanasie.

Der Sturm gegen die Kirche äußerte sich in Enteignungen von Klöstern, Vertreibung von Schwestern und Mönchen und Verfolgung von Priestern und Gläubigen. Die Maßnahmen gegen Ordensleute hatten im Bistum Münster am 6. Juli 1941 begonnen. Am 12. Juli sollten die beiden Häuser der Jesuiten in Münster (Ignatiushaus und Haus Sentmaring) beschlagnahmt werden. Der Bischof von Münster, Clemens August Graf von Galen, eilte zunächst zum Haus Sentmaring in der Weseler Straße, um sich selbst ein Bild von der Vertreibung zu machen. Auf dem Rückweg besuchte er auch das Ignatiushaus in der Königstraße. Am nächsten Tag, Sonntagmorgen um 11 Uhr, hielt er in der Lambertikirche, seiner früheren Pfarrkirche, die erste seiner drei berühmten Predigten. Er forderte Gerechtigkeit vom Staat. Ursprünglich hatte er darüber sprechen wollen, wie Gott Münster zu sich heimholen wolle. Er benannte aber dann die furchtbaren Verwüstungen in Klöstern und Übergriffe gegenüber Priestern und Ordensleuten, die sich in der jüngsten Vergangenheit ereignet hatten. Er sah es als seine bischöfliche Aufgabe an, die rechtlosen Verhaftungen der Gestapo öffentlich anzuprangern, um Schaden vom ganzen Volk abzuwehren.

Pater Benninghaus machte auf der Fahrt von Münster nach Bochum in einem unbeobachteten Augenblick das Kreuz des Segens über Nanda Herbermann. Sie sschreibt über ihn: „... ein Priester nach dem Herzen Gottes, der Jahre hindurch nur Exerzitien gehalten und sich nie um Politik gekümmert hatte. Groß und ernst, aber eisern."

Von Bochum konnte Pater Benninghaus am 24. September 1941 eine Postkarte aus dem Polizeigefängnis in der Uhlandstraße an seine Angehörigen senden. Er bedankte sich für Äpfel von seinem Bruder Georg, die ihn erreicht hatten. Ansonsten gelte für ihn: „Dein Wille geschehe!" Von hier wurde Pater Benninghaus in das Konzentrationslager Sachsenhausen bei Berlin verlegt: „Zur Sicherheit seines Lebens", wie die Gestapo erklärte.

P. Benninghaus bei seinem letzten Besuch in Heilgenstadt

P. Benninghaus
letztes Foto in der Freiheit

Das Konzentrationslager Sachsenhausen

Das KZ Sachsenhausen wurde im Sommer 1936 von Häftlingen aus den Emslandlagern errichtet. Es war die erste Neugründung eines KZ nach der Ernennung des Reichsführers SS Heinrich Himmler zum Chef der Deutschen Polizei im Juli 1936. Die von SS-Architekten am Reißbrett als idealtypisches KZ konzipierte Anlage sollte dem Weltbild der SS architektonischen Ausdruck geben und die Häftlinge auch symbolisch der absoluten Macht der SS unterwerfen. Hauptzweck aller Lager war die Ausschaltung der „Gegner" des Regimes. „Absondern, diffamieren, entwürdigen, zerbrechen und vernichten – das waren die Formen, in denen der Terror in Wirksamkeit trat." erklärt Eugen Kogon.

Eingang Konzentrationslager Sachsenhausen

Als Modell- und Schulungslager der SS und Konzentrationslager in unmittelbarer Nähe der Reichshauptstadt nahm Sachsenhausen eine Sonderstellung im System der nationalsozialistischen Konzentrationslager ein. Diese wurde unterstrichen, als 1938 die Inspektion der Konzentrationslager, die Verwaltungszentrale für alle Konzentrationslager im deutschen Machtbereich, von Berlin nach Oranienburg verlegt wurde.

Im Zellenbau des KZ Sachsenhausen sperrte die Berliner Gestapo Sonderhäftlinge ein wie den Bekenntnispfarrer Martin Niemöller, den Hitler-Attentäter Georg Elser oder Herschel Grynszpan, dessen Anschlag auf einen deutschen Botschaftsrat in Paris von der NS-Propaganda zum Anlass des Judenpogroms vom November 1938 erklärt wurde. Goebbels hatte Hitler in der öffentlichen Meinung zum großen Friedensfürsten stilisiert, während das Grynspan-Attentat als Folge einer jüdischen Verschwörung gegen den Frieden dargestellt wurde.

Nach seiner Ankunft erwartete Pater Benninghaus und die anderen Schutzhäftlinge eine Empfangszeremonie, indem sich eine Schar von SS-Leuten, die sonst nichts zu tun hatten, auf die Neuankömmlinge stürzte. Es hagelte Schläge und Fußtritte. Zum größten Spaß der Scharführer wurden die „Neuen" mit Wasser begossen, mit Steinen beworfen, zu Boden gerissen, getreten und unter Ohrfeigen zur Aufnahme der Personalien geleitet. Bei dieser ersten Vernehmung über die Personenstandsdaten kam es zu wüsten Auswüchsen. Besonders beliebt war die Frage nach dem Grund der Einlieferung in das Konzentrationslager, denn den kannten die allermeisten der neuen Häftlinge nicht. Pater Benninghaus wurde von einem SS-Mann derart geprügelt, daß er stürzte und auf eine Tischkante aufschlug. Dabei erlitt er eine Gehirnerschütterung, von der er sich bis zu seinem Tode nicht erholte.

Anschließend folgte der Einmarsch durch das Eingangstor in das eigentliche Lager, wo die „Belehrung" durch den Lagerführer folgte. Sie bestand wesentlich aus der Androhung der Todesstrafe für die verschiedensten Vergehen gegen die Lagerordnung. Im Laufschritt ging es zum Bad, in dem zunächst alle Körperhaare entfernt wurden. Jetzt verlor jeder Häftling seine letzten privaten Habseligkeiten, die er vielleicht noch bei sich hatte. Nach dem Besprühen der nackten Häftlinge mit einer Desinfektionslösung ging es eilig weiter zur Bekleidungskammer. Jeder erhielt hier seine Sachen zugeworfen im größten Tempo und ohne Rücksicht auf die Körpergröße. Man erhielt eine Unterhose, ein zebragestreiftes Hemd, eine zebragestreifte Hose, eine Jacke, eine Mütze und ein Paar Schuhe. Die Nummer wurde auf der Kleidung aufgenäht. Darunter kam ein roter Winkel zur Kennzeichnung als politischer Häftling.

Nun war er Schutzhäftling Nr. **39790**.

Pater Benninghaus, der schon über 60 Jahre alt war, überstand diesen Prozeß der Willensbrechung und menschlichen Entwürdigung, indem er im Gebet Zuflucht nahm. Die Schulung seiner inneren Einstellung durch die Exerzitienkurse im Geist des Ignatius ließ ihn zu einem „Verkosten der Dinge von innen" kommen. Er wusste, daß die Liebe zu Gott als ein Akt echter Selbsthingabe durch Angst und Furcht bedroht wird. Wie schwierig wurde es, diese Liebe zu bewahren in einem Umfeld, das jegliche Ehrfurcht vor Gott und den Menschen vermissen ließ. Fast unmöglich erschien es, das Gebot des Nächstenliebe und der Feindesliebe zu befolgen in einem von Haß und Menschenverachtung geprägten Lager der SS.

Im Wohnblock 15a stürzte auf ihn eine verwirrende Fülle neuer Eindrücke von Blockältesten, Schreibern und Kapos (Arbeitskommandoführern). Die Betten standen im Schlafraum, der mit 100 bis 200 Männern belegt war, in zwei bis drei Etagen übereinander. Mangelernährung, die unzureichende Kleidung, überschwere Arbeit und Schikanen durch die SS-Leute bis hin zu willkürlichen Tötungen verringerten ständig die Zahl der Lagerhäftlinge. Das schuf Platz für die ständigen Neueinlieferungen.

Die SS-Wachmannschaften sollten bewusst zur Härte erzogen werden. Sie wussten, daß sie unbestraft blieben, wenn sie grausame Strafen an den Häftlingen vollzogen. Bei angeblichen Fluchtversuchen wurden zahlreiche Häftlinge von gelangweilten Wachposten erschossen. Insbesondere die stundenlangen Zählappelle der Häftlinge bei jedem Wind und Wetter auf dem Appellplatz dienten zu Auswüchsen purer Quälsucht der SS-Männer. Hitler äußerte sich dazu: „Ich will nicht, daß man aus den KZ Pensionsanstalten macht ... Die Leute brauchen einen heilsamen Schrecken ..." In Deutschland wie auch im Ausland war die Existenz der Lager bekannt, jedoch nicht ihre Zahl und das ganze Ausmaß der sorgsam hinter Stacheldraht verborgenen Wirklichkeit eines „SS-Staates" mit eigenen Gesetzen. Für Goebbels waren die KZ schlicht „Mülleimer der Nation".

Am 4. 1. 1942 schrieb Pater Benninghaus an seine Angehörigen:

„Meine Lieben! Mein Weihnachtsbrief wird Euch Freude gemacht haben; ich selbst war froh, Euch gute Nachrichten schicken zu können. Im letzten Brief vom Tod des lieben Bruders hat Josefa sehr genau die Lagervorschriften eingehalten; ich bitte, dieses immer zu tun. Wie Geld geschickt werden muß, steht oben. Ist Georg heimgekehrt? Dann wird Freude sein. Hier geht's ja, was Kälte angeht; aber am glücklichsten sind doch jene, die das Holz vor der Haustür haben. Und unsere Lieben in Russland! Ist von Verwandten oder Bekannten jemand gefallen? – Wie geht's Euch? Dem Onkel, Agnes und all den andern? Weihnachten sind wir auch nicht ganz ohne Freude gewesen. – Lebt wohl und hofft auf ein glückliches neues Jahr! Euer August."

Ein Auszug aus der Lagerordnung war oben auf die Briefbögen gedruckt. So durfte jeder Häftling zwei Briefe pro Monat empfangen und absenden. Dabei mussten die eingehenden Briefe nicht mehr als 4 Seiten mit je 15 Zeilen enthalten. Schlecht lesbare Briefe, so der Lagerkommandant, würden vernichtet. Geldsendungen per Postanweisung waren erlaubt. „Im Lager kann alles gekauft werden." hieß es in der Lagerordnung. Seine Briefe kursierten unter den Geschwistern nach festgelegter Reihenfolge: Essen i.O., Handrup, Heiligenstadt, Ehren, Druchhorn und Suttrup.

Das Konzentrationslager Dachau

Am 11. März 1942, in der vorösterlichen Zeit, wurde Pater Benninghaus in das KZ Dachau verlegt. Seine neue Häftlingsnummer war

29 373.

Am 21. März 1933 hatte Heinrich Himmler die Errichtung eines Konzentrationslagers in Dachau in Auftrag gegeben. Damit begann in Dachau ein Terrorsystem, das mit keinem anderen staatlichen Verfolgungs- und Strafsystem verglichen werden kann. Im Juni 1933 wurde Theodor Eicke zum Kommandanten des Konzentrationslagers ernannt. Er entwickelte ein Organisationsschema sowie ein Reglement mit detaillierten Bestimmungen, wie sie später für alle Konzentrationslager gültig wurden. Auch die Einteilung der Konzentrationslager in zwei Bereiche, das von vielfältigen Sicherungsanlagen und Wachtürmen umgebene Häftlingslager einerseits und den sogenannten Kommandanturbereich mit Verwaltungsgebäuden und Kasernen für die SS andererseits, stammte von ihm.

Eingangstor Konzentrationslager Dachau

Die ersten Häftlinge waren politische Gegner des Regimes, Kommunisten, Sozialdemokraten, Gewerkschafter, vereinzelt auch Mitglieder konservativer und liberaler Parteien. Auch die ersten jüdischen Häftlinge wurden auf Grund ihrer politischen Gegnerschaft in das Konzentrationslager Dachau eingeliefert. In den folgenden Jahren wurden immer neue Gruppen nach Dachau verschleppt: Juden, Homosexuelle, Zigeuner, Zeugen Jehovas, Geistliche u.a. Allein als Folge des Novemberpogroms, der sogenannten Reichskristallnacht, wurden mehr als 10.000 Juden in das Konzentrationslager Dachau gebracht.

Konzentrationslager Dachau

Das Lager bestand aus 34 Baracken (Blocks) für ursprünglich 6000 Häftlinge. Es war umgeben mit Stacheldrahtzaun, der elektrisch geladen war. Jeder Block hatte vier Stuben für je 70 Häftlinge. Bereits 1941 wurden 150, 1945 über 300 Lagerhäftlinge in die Betten verfrachtet.

Im Schubraum vollzog sich die Einlieferungsprozedur in das Konzentrationslager Dachau, die für die Gefangenen den gewaltsamen Verlust aller persönlichen Rechte, Freiheiten und menschlicher Eigenständigkeit bedeutete. Dort standen entlang der Säulenachse Tische, die den Raum in zwei Teile teilten. An der Fensterseite standen die eingelieferten Häftlinge, dort mußten sie sich vollständig entkleiden. Hinter den Tischen befanden sich SS-Männer und Funktionshäftlinge, die alle eingelieferten Häftlinge registrierten, ihre Kleidung und all ihre persönlichen Habseligkeiten entgegennahmen. Das Bad war die letzte Station der Einlieferungsprozedur. Die neu angekommenen Häftlinge wurden kahlgeschoren, desinfiziert, geduscht und danach in Häftlingskleidung zu den Baracken geschickt.

Die Block- und Stubenältesten, Schreiber und Kapos waren durchweg Kommunisten. Außerhalb des Blockbereichs lag die etwa doppelt so große mit einfachem Maschendraht eingefasste Heilkräuterplantage. Es gab Tee- und Gewürzeanbau, Lehrkultur, Gemüseland, Gewächshäuser, Freiland und das landwirtschaftliche Gut „Liebhof". Zur Arbeit dort wurden fast 1000 Priester eingesetzt. Dort war die körperliche Arbeit besonders schwer, weil es keine zusätzliche Zwischenmahlzeit (Brotzeit) gab. Ein Todeskommando hieß „Erdbewegung". Besonders im Sommer waren die Arbeitstage bei Tageshelligkeit sehr lang. Bei Nebel wurden die Priester wegen der damit verbundenen Fluchtgefahr zu Reinigungsarbeiten innerhalb des Blockbereichs eingesetzt. Auch sonntags wurde auf der Plantage gearbeitet, wenn gerade Blütezeit der verschiedenen Kräuter und Blumen war. Im März 1941 war es kalt und sehr windig. Dachau liegt 600 Meter über dem Meeresspiegel auf der bayrischen Ebene. Ständig wurden die Gefangenen von SS-Leuten mittels Feldstecher beobachtet. Der kleinste Anlaß konnte Grund für eine Meldung werden. Die Folge einer Meldung war die Strafe der „Fünfundzwanzig" (Schläge), des „Hängens", wobei man eine Stunde oder länger an beiden Armen frei im Baderaum aufgehängt wurde. Zusätzliche Strafarbeit bedeutete, daß der Gefangene abends nach dem allgemeinen Zählappell noch weitere zusätzliche Schwerarbeit leisten mußte.

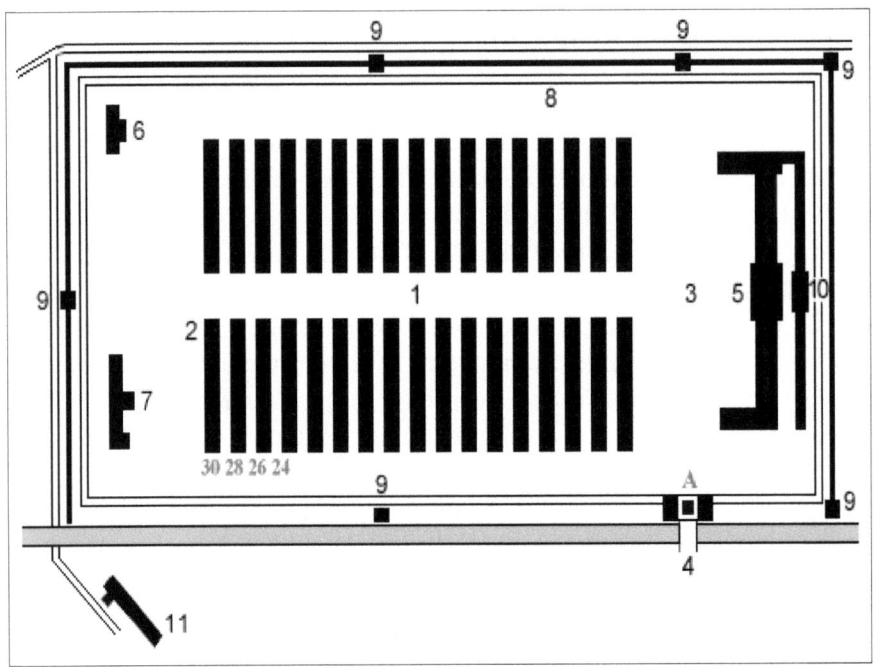

Plan des Häftlingslagers des Konzentrationslagers Dachau

Legende
1 Lagerstraße
2 Wohnbaracken
3 Appellplatz
4 Jourhaus (Eingang) mit Wachturm A
5 Wirtschaftsgebäude
6 Desinfektionsbaracke
7 Lagergärtnerei
8 Graben mit elektrisch geladenem Stacheldrahthindernis und Lagermauer
9 Wachtürme
10 Lagerarrest
11 Krematorium
24 zeitweise Invalidenblock
26 Priesterblock
28 Priesterblock der Polen
30 Priesterblock der Polen

Ab 1938 spiegelt sich auch die nationalsozialistische Aggression nach außen in der Häftlingsgesellschaft des Lagers wider: Nach dem „Anschluß" im Frühjahr 1938 kamen österreichische Gefangene nach Dachau, es folgten im selben Jahr Häftlinge aus den Sudetendeutschen Gebieten, im März 1939 tschechische Häftlinge und nach Kriegsbeginn Häftlinge aus Polen, aus Norwegen, aus Belgien, aus den Niederlanden, aus Frankreich usw. Die deutschen Gefangenen wurden schließlich zu einer Minderheit; die größte nationale Gruppe waren die polnischen Häftlinge gefolgt von den Häftlingen aus der Sowjetunion. Insgesamt waren über 200.000 Häftlinge aus mehr als 30 Staaten in Dachau inhaftiert; davon waren über 3000 Geistliche.

Im Laufe des Krieges wurde das Konzentrationslager Dachau zunehmend auch zu einer Stätte des Massenmordes: So wurden ab Oktober 1941 mehrere tausend sowjetischer Kriegsgefangener nach Dachau gebracht und dort erschossen. Auch andere, von der Gestapo zur Exekution bestimmte Gefangene, transportierte man nach Dachau und ließ sie dort hinrichten.

Eine große Zahl von Häftlingen wurde von SS-Ärzten für medizinische Experimente mißbraucht; bei Unterdruckversuchen, Unterkühlungsversuchen, Versuchen mit Malaria und bei vielen anderen Experimenten starb eine unbekannte Zahl von Häftlingen einen qualvollen Tod.

Neben 30.000 registrierten Toten haben im Konzentrationslager Dachau weitere tausende nichtregistrierte Häftlinge ihr Leben verloren. Sie starben an Hunger, Krankheiten, Erschöpfung, Erniedrigung, an Schlägen, durch Foltern; sie wurden erschossen, erhängt, mit Spritzen getötet.

In Dachau wurden damals die katholischen Priester in einem sogenannten Sonderblock 26 zusammengezogen; auch die Baracken 28 und 30 gehörten dazu. Von den Ordensangehörigen gehörten etwa 25 Prozent dem Jesuitenorden an. Von insgesamt 69 Jesuiten sind 25 gestorben. Die Folgen der schweren Gehirnerschütterung hat Pater Benninghaus nie überwunden. Ständig litt er unter Kopfschmerzen und Benommenheit.

Besonders hart traf ihn der Ausspruch des Lagerführers: „Das deutsche Volk hat euch ausgestoßen. Ihr seid ehrlos, wehrlos und rechtlos: Ihr habt hier zu arbeiten oder zu verrecken." Er war doch Deutscher und überzeugter Diener Gottes zugleich. Die üblichen Anreden lauteten: „Drecksau, Saukopf, Kindskopf, Pfaffe, ihr Hunde".

Bei der Ausgabe der kargen Essensrationen wurde Pater Benninghaus wiederholt weggestoßen, taumelte und wischte sich immer wieder über die Stirn, so als ob er seine Benommenheit damit vertreiben könnte. Infolge des ständigen Hungers verschlechterte sich sein körperlicher und geistiger Zustand immer mehr. Der Blockschreiber haßte ihn, weil er Jesuit war. Sofort musste er in die damals schwere Arbeit auf der Heilkräuterplantage. Es dauerte nicht lange, bis sich Beschwerden einstellten.

Eine schwere Leidenswoche begann am 28. März 1942 für den polnischen Priesterblock 28. Der Anlaß war der Fund von 80 Dollar in Banknoten, die ein Laie in einem Brevier versteckt hatte. Die Folge war eine Reihe von Schikanen: Strafappelle von morgens bis abends, erzwungenes Singen und Strafsport, wobei etwa vierzig Priester starben.

Ab Mai 1942 wurden viele Geistliche auch als nicht mehr arbeitsfähig und damit nicht mehr wert zu leben selektiert. An aufeinanderfolgenden Tagen wurden Häftlinge gemäß der Anfangsbuchstaben ihrer Nachnamen den Transporten zugewiesen. Diese Transporte forderten im Mai 1942 unter den polnischen Geistlichen viele Opfer, auch einige selig gesprochene polnische Geistliche sind darunter. Sie starben zusammen mit ihren Kameraden

Pater Benninghaus hat dem Mithäftling Hans Carls berichtet, am Karfreitag, 3. April 1942, seien einige SS-Leute zu seinem Block gekommen und hätten ihn herausgerufen. Sie führten ihn in die Schlafstube und befahlen ihm, auf das dritte Bett der Schlafgestelle hinaufzuklettern. Von dort sollte Pater Benninghaus das Lied „O Haupt voll Blut und Wunden" singen. Der Jesuit erklärte: „Das tue ich nicht." Darauf schlugen sie ihn derart, daß er bald zur Erde fiel. Er wurde emporgerissen und gezwungen, wieder den Bettkasten hinaufzuklettern. Jedoch stimmte er das Lied nicht an. Wieder wurde er misshandelt und so lange geschlagen, bis er endlich mit schwacher Stimme das Lied sang. Die Schläge gingen weiter, bis er nicht mehr singen konnte und ohnmächtig wurde.

1.
O Haupt voll Blut und Wunden,
voll Schmerz und voller Hohn,
o Haupt, zum Spott gebunden
mit einer Dornenkron,
o Haupt, sonst schön gezieret[
mit höchster Ehr und Zier,
jetzt aber hoch schimpfieret:
gegrüßet seist du mir!

2.
Du edles Angesichte,
davor sonst schrickt und scheut
das große Weltgewichte:
wie bist du so bespeit,
wie bist du so erbleichet!
Wer hat dein Augenlicht,
dem sonst kein Licht nicht gleichet,
so schändlich zugericht'?

3.
Die Farbe deiner Wangen,
der roten Lippen Pracht
ist hin und ganz vergangen;
des blassen Todes Macht
hat alles hingenommen,
hat alles hingerafft,
und daher bist du kommen
von deines Leibes Kraft.

4.
Nun, was du, Herr, erduldet,
ist alles meine Last;
ich hab es selbst verschuldet,
was du getragen hast.
Schau her, hier steh ich Armer,
der Zorn verdienet hat.
Gib mir, o mein Erbarmer,
den Anblick deiner Gnad.

Paul Gerhardt 1656

Ein Jahr später, am 8. April 1943, starb der Jesuit Albert Maring im Krankenrevier. Er war durch mangelnde Ernährung und Lagerkrankheiten geschwächt. Maring, geboren am 6. April 1883 in Koblenz, war ein guter Freund von Pater Benninghaus. P. Maring erarbeitete zusammen mit Pater Friedrich Muckermann das Periodikum: Der Gral. Monatszeitschrift für Dichtung und Leben. Seit 1930 setzten sich die Jesuiten mit der Ideologie der Nationalsozialisten auseinander. Reinhard Heydrich, Leiter des Reichssicherheitshauptamts, erkannte Maring als Hauptgegner des Systems. Muckermann konnte rechtzeitig in die Niederlande fliehen. Nach gründlicher Vorbereitung verhaftete die Gestapo Maring in Lübeck wegen „staatsfeindlicher und landesveräterischer Betätigung". Am 8. Februar 1941 wurde er in das Polizeigefängnis Münster überführt, wo er auf den ebenfalls verhafteten Mitbruder August Benninghaus traf. Nach einer Zwischenstation im KZ Sachsenhausen wurde er am 18. Juni 1942 in das KZ Dachau in den Priesterblock gebracht. „Da nicht zu erwarten ist, daß Maring seine staatsfeindliche Gesinnung ändern wird, wird er dem KZ überwiesen."

Pater Werner Barkholt SJ, geboren am 25. Februar 1902 in Hagenau, Elsass, ein guter Freund von Pater Benninghaus, war am 8. August 1941 ins Konzentrationslager Dachau eingeliefert worden. Er erhielt die Häftlingsnummer 26.890 und wurde im dortigen Pfarrerblock untergebracht. Wie sein Mithäftling Pater Otto Pies SJ berichtete, hatte sich Werner Barkholt bereits im Gefängnis einen schweren Herzschaden zugezogen, so daß er schon sehr geschwächt in Dachau eintraf. Das Herzleiden führte bei ihm zu großer Nervosität und Ängstlichkeit. Er muße – wie die meisten hier inhaftierten Priester - im Arbeitskommando „Plantage" Feldarbeit verrichten. Infolge der unzureichenden Ernährung verschlimmert sich sein gesundheitlicher Zustand beträchtlich. Als ihn seine geistlichen Mithäftlinge schließlich am 16. Juli 1942 zur Versorgung ins Krankenrevier bringen wollten, verhinderte dies zunächst der SS-Oberscharführer Fronappel gewaltsam. Erst am Abend gelang seine Unterbringung im Krankenrevier. Zwei Tage später ist Pater Barkholt dort verstorben.

Wohnbaracken von Wachturm A aufgenommen, rechts vorne der Appellplatz

Die Blockstraße zwischen den Baracken 7 und 9. Häftlinge stehen an einem Holzzaun, der das sogenannte Revier als Lagerkrankenhaus von der Lagerstraße abtrennt.

Der Invalidenblock

Pater Benninghaus ist nach der ersten Zeit im Zugangsblock zunächst im Priesterblock 26 gewesen. Bei einem Krankenrevieraufenthalt wurde er durch einen SS-Arzt selektiert und kam in den Invalidenblock 24, Stube 1. Dieser ist im Mangel- und Hungerjahr 1942 zusätzlicher Invalidenblock gewesen. Es war ein eigener Bereich, der innerhalb des Lagers nochmals mit Stacheldraht eingezäunt war. Kranke und sehr Schwache, bei denen nicht die Wiederherstellung der Arbeitsfähigkeit zu erwarten war, wurden hier abgesondert. P. Otto Pies SJ berichtet: „Es war ein Jammer, den großen Mann zu sehen, wie er ausgehungert und geschwächt, verschüchtert und hilflos in der schreienden, rücksichtslosen Masse auf dem Zugangsblock schwindelig mit seinem Essnapf sich einen Weg bahnte oder ein stilles Plätzchen suchte." Aber von den Priestern des Blocks 26 konnte niemand persönlichen Kontakt zu dem Invalidenblock halten. Es war in dieser Zeit auch nicht möglich, zusätzliche Nahrung abzugeben, da im ganzen Lager eine trostlose Ernährungslage herrschte. Wöchentlich wurde ein Lastwagen mit solchen Todeskandidaten in die nächste Vergasungsanstalt abtransportiert. Das bedeutet, daß Pater August zur Vergasung in Schloß Hartheim bei Linz vorgesehen war. Hier war eine (im Vergleich zu Auschwitz) kleine Vergasungsanlage installiert worden.

Schloß Hartheim

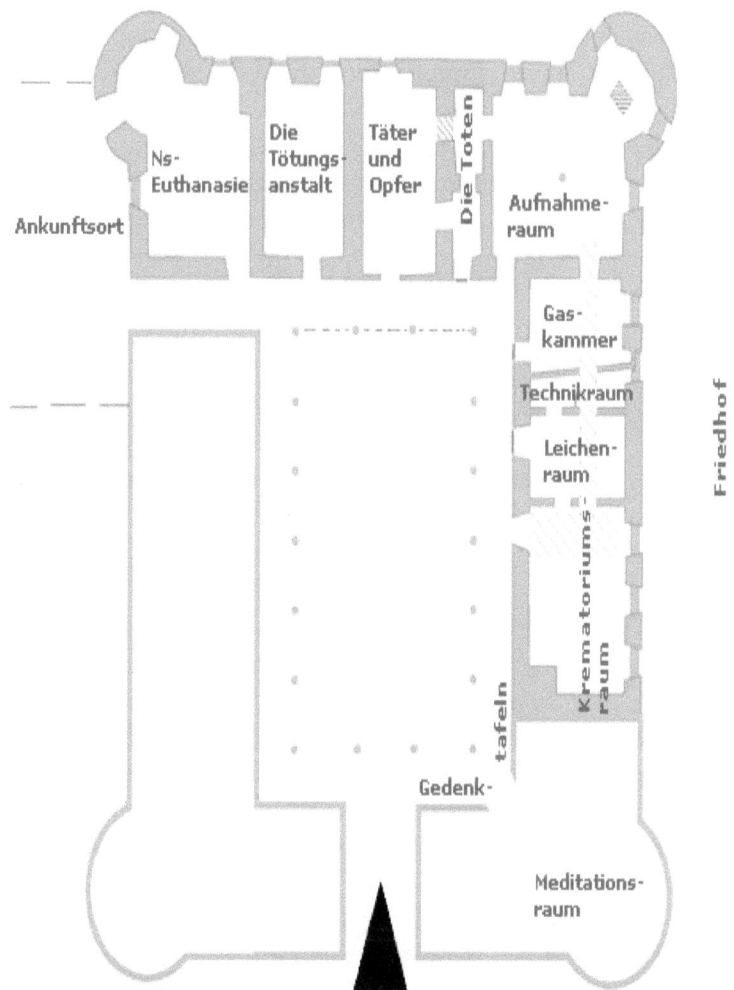

Lageplan Schloß Hartheim

Im Januar 1942 war der erste Transport aus Dachau angekommen. In einem Raum sammelte man die Unglücklichen und schob sie dann in einen kleinen Raum ab.

Die Opfer betraten den Raum durch eine niedrige, schmale Stahltüre. Brauseinstallationen sollten einen Baderaum vortäuschen. Sobald sich die Türe hinter den dicht gedrängten Menschen geschlossen hatte, wurde aus dem Nebenraum durch ein perforiertes Rohr in Bodennähe Giftgas (Kohlenmonoxid) eingeleitet. Wenn die Opfer kein Lebenszeichen mehr von sich gaben, wurde das Gas wieder abgesaugt, um den Abtransport der Leichen durch die gegenüberliegende Tür zu ermöglichen. Im nächsten Raum war der Verbrennungsofen. Im Mai 1942 hatte man 304 polnische Priester aus den Blöcken 28 und 30 ausgesucht. Insgesamt wurden im Jahr 1942 durch solche Invalidentransporte 3166 Häftlinge, darunter 336 Priester, von Dachau nach Hartheim überstellt.

Am 14. Juni 1942, also einen Monat vor seinem Tod, schrieb Pater Benninghaus auf dem Papier des Konzentrationslagers Dachau 3 K mit der Gefangenennummer 29 373 aus Block 24/1:

„Meine Lieben! Hurrah, ein Brief! Wie ein kleines Kind freut man sich darüber, zumal ich vergebens 1 Monat darauf gewartet hatte... Am 27. Juni ist es 1 Jahr, daß mir die Freiheit genommen wurde. - Ihr werdet jetzt alle übermüde sein wegen der doppelten und 3fachen Ackerarbeit. - Hoffentlich lohnt 's der Herrgott mit einer guten Ernte. Auch hier im Süden war starker Frost und ist viel Wintersaat erfroren. Dachau liegt 20 km nördlich von München, aber die Nähe der Alpen bringt oft 1/4stündlich gänzlichen Wetterumschlag: heiß - kalt! - Lb. Bruder Georg, würdest mich gern auf dem Heimweg von Hofgastein besuchen; noch schöner wär's, ich könnte mit Dir in die Heimat fahren. - Rosl und Erich im Hafen der Ehe: Gott segne und behüte sie! Im Geiste war ich dabei und begleite die beiden mein Leben lang mit meinen Wünschen und Gebeten. Wolle Gott es fügen, daß ich bei Idas Hochzeit im Sept. dabei sein kann. - Erholung für Dich , Georg, sehr nötig; das verstehe ich. Georg von der Front gesund - Gott sei Dank! Und Heinrich öfter in Druchhorn als Nothelfer - die werden sich darüber freuen. - Daß die 50 M vom 1. April angekommen sind, habe ich schon geschrieben. - Heiß, wie die Sonne hier öfter auf den Schädel brennt, sind meine Wünsche und Grüße an Euch alle! Euer August."

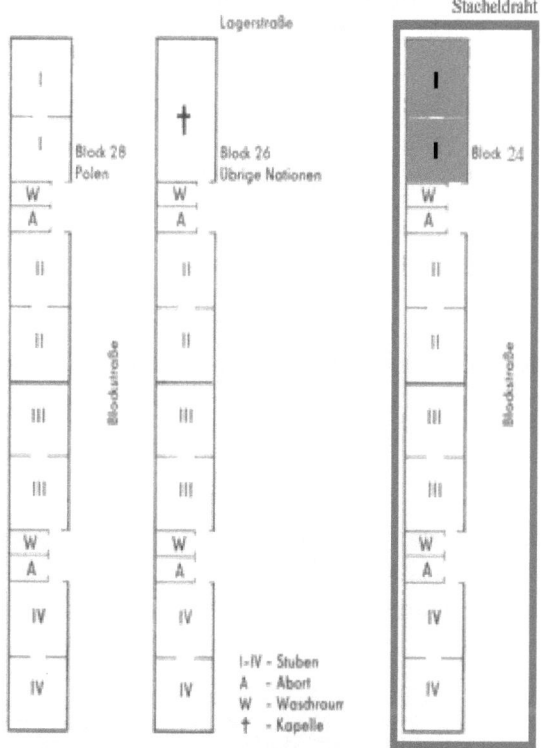

Teilplan des KZ Dachau, Blöcke 28, 26, 24

Block 28 war der Priesterblock der Polen. Block 26 war der Pfarrerblock. Im Januar 1941 wurde in Block 26 auf Befehl des RFSS Heinrich Himmler für die Geistlichen eine Kapelle eingerichtet. Vom 22. Januar an konnten die Geistlichen dort täglich Gottesdienst feiern. Hierbei war jeweils ein SS-Wachmann zur Aufsicht anwesend. Der Altar bestand aus einem kleinen Tisch, der mit Bettlaken überspannt wurde. Darauf befanden sich ein winziger Kelch und eine hölzerne Monstranz, später eine schön anzusehende, selbstgemachte Monstranz aus Blech. Karl Leisner empfing hier am 25.12.1944 die Priesterweihe. Der Invalidenblock 24 war streng abgetrennt von den anderen Baracken. Pater Benninghaus war dort in Stube I.

Vom 15. Januar 1942 bis 3. März 1942 gab es 15 Transporte mit insgesamt 1.452 Häftlingen. Es ist davon auszugehen, dass zwischen dem Zeitpunkt der Selektion im September 1941 und dem Zeitpunkt des Abtransports einige schwerkranke Häftlinge bereits verstorben waren, also die Anzahl der Ausgesonderten ursprünglich höher war. Es erfolgte eine zweimonatige Transport-Pause. Zwischen dem 4. Mai und 6. Juni fand die zweite Transportetappe mit 561 „Invaliden" statt.

Bis zum 13. August 1942 wurden Priester von Dachau nach Hartheim in die Gaskammer geschickt. Die Schwester Anna des zeitweise im Invalidenblock inhaftierten Pfarrers Hermann Scheipers hatte durch heldenhaftes Eingreifen im Reichssicherheitshauptamt in Berlin den weiteren Abtransport der (reichsdeutschen) Priester verhindert. Vier überlebende Geistliche konnten den Invalidenblock verlassen und in den Priesterblock 26 übersiedeln.

August Benninghaus gehörte nicht zu den Überlebenden. Er hatte seinen letzten Brief bereits am 14. Juni geschrieben. Er hatte noch zwei Aufenthalte im Lazarett, im „Revier", wie das Lagerkrankenhaus genannt wurde. Er war bereits zu schwach zum Abtransport nach Hartheim.

Der Leidensgenosse P. Otto Pies SJ schreibt über Pater Benninghaus in den „Mitteilungen der deutschen Ordensprovinzen der Gesellschaft Jesu": „Nach einigen Wochen stellte sich eine schwere Furunkulose ein, eine im Lager häufige Mangelkrankheit infolge Unterernährung. Der Pater wurde deswegen ins Revier eingeliefert, kam meines Wissens noch einmal auf den Zugangsblock zurück, aber der Zerfall schritt voran, und nach kurzer Zeit war er wieder im Revier, aus dem er nicht mehr zurückkehrte." Geschwulstartige Erscheinungen im verfallenen Gesicht kennzeichneten ihn als nächstes Opfer des Hungertodes. Die vom Wasser angeschwollenen Beine konnten den völlig geschwächten Körper kaum noch tragen. Der erste Aufenthalt von 14 Tagen im Krankenbereich hatte ihn nicht wirklich gesund werden lassen. Nach acht Tagen musste er zum zweiten Mal ins Lazarett, weil er so krank war, daß er sich nicht mehr aufrecht halten konnte. Man konnte ihm noch heimlich die hl. Kommunion bringen, obwohl dies streng verboten war."

Im Konzentrationslager krank und zu schwach zur Arbeit zu sein, bedeutete eine Katastrophe. Jeden Augenblick konnte über den kranken Häftling das Todesurteil vom Arzt ausgesprochen werden, der mit der Heilung von Kranken eigentlich nicht befasst war im Lager. Wer nicht eine gründliche Kenntnis des Häftlingskrankenhauses und persönliche Beziehungen hatte, verfiel der Auslese durch den SS-Lagerarzt. Die Sterbenden wurden oft einfach „auf Seite" gelegt, d.h. in einen Bretterverschlag oder in die Waschstube gebracht. Keiner nahm sich ihrer mehr an. Die Toten wurden zur Totenkammer gebracht.

Pater August Benninghaus sprach still das Gebet die „Seele Christi" des Ordensgründers Ignatius:

„Leiden Christi, stärke mich.

Gütiger Jesus erhöre mich!

In Deinen Wunden berge mich.

Von Dir laß nimmer scheiden mich."

Am 20. Juli 1942, vier Tage nach seiner Einlieferung in das Lazarett, ist Pater August Benninghaus verhungert, nicht ganz 62 Jahre alt. Er war einer von über 700 Geistlichen, die in Dachau ermordet worden sind. Insgesamt sind in den Jahren 1933 bis 1945 1.034 Geistliche getötet worden.

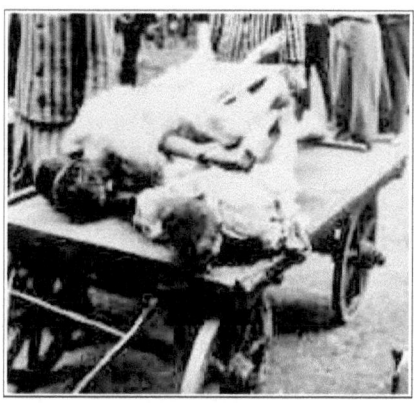

Ehrfurcht vor dem Toten gab es nicht. Die Leichen wurden in einem Transportsarg mit einem Wagen zum Krematorium gefahren. Dort wurde der Sarg umgekippt und zu den anderen Leichen geworfen. Am Zeh war ein kleiner Zettel mit der Häftlingsnummer und dem Namen des Toten angebunden. Wegen der mangelhaften Heizsituation verbrannte im Krematorium zwar das Fleisch, die Knochen verbrannten jedoch nicht. Diese wurden gesammelt, in die Knochenmühle gebracht, gemahlen und als Düngemittel an Bauern verkauft.

Krematorium Dachau

Verbrennungsöfen

Block 24
(heute)

Ein Paket wurde am 10. 8. an die katholische Friedhofsverwaltung nach Ankum, also zum Pfarrhaus geschickt. Der Karton war mit einem gelben Querstreifen überklebt: „Vorsicht, Aschereste! Nicht werfen!" Darin befand sich eine Blechdose als Urne. Beigelegt war mit Namensnennung von August Benninghaus eine Bescheinigung Nr. 4519/1942 des Krematoriums Dachau. Daß es sich wirklich um den eingeäscherten Leichnam des Paters handelt, ist mehr als zweifelhaft. Die Leichen wurden im Krematorium zusammen verbrannt und die Asche auf mehrere Urnen verteilt.

Konzentrationslager Dachau
Kommandantur.

Dachau 3/K. den 10.8.42 194...

An die
Kathl. Friedhofsverwaltung
A n k u m , Bez. Osnabrück.

Beifolgend werden die Aschenreste des am 20.7.42 gestorbenen und am 24.7.42 im hiesigen Krematorium feuerbestatteten
(Nr. 4519 /19 42) Benninghaus, August.
zur Beisetzung auf dem dortigen Friedhof übersandt mit der Bitte um Ausfüllung, Abtrennung und Rücksendung des anhängenden Formblattes.
Anschrift d. Angeh.: Bruder:Heinrich Grossebsilage,Essen b.Oldenburg.
Übersandt gemäß Bestätigung.

Schmidt
Leiter des Krematoriums.

Die Familienangehörigen hatten mit ihrem Totenbrief vom 25. Juli 1942 zum feierlichen Requiem am 30. Juli eingeladen (corpore non praesente, d.h. ohne den Leichnam). Die Urne wurde von Pfarrer Hermann Böckmann in einem Sarg am 31. August 1942 auf dem Ankumer Friedhof beigesetzt. Etwa 20 Geistliche nahmen daran teil, anschließend wurde erneut ein Requiem gefeiert. Auf seinem Grabmal bei den Priestergräbern des Ankumer Friedhofs stehen die Worte: „Märtyrertod Dachau".

Jesus! Maria! Josef!
Fürchte den Herrn von deiner ganzen Seele, und halte seine Priester in Ehren.
Jes. Sir. 7, 31

Gedenket im Gebet und beim hl. Meßopfer
des verstorbenen Hochwürdigen Herrn

P. August Benninghaus
S. J.

Der Verewigte wurde geboren am 7. November 1880 zu Druchhorn, Pfarre Ankum. Nach dem Besuche der Volksschule und der Höheren Bürgerschule seiner Heimat war er drei Jahre auf dem Gymnasium Carolinum in Osnabrück. Im Frühjahr 1900 trat er in das Noviziat der Jesuiten in Holland ein und war dann vier Jahre an der St. Xaver High School im Bombay (Indien) tätig. Nach seiner Rückkehr im Jahre 1911 kam er in das Jesuitenkolleg Valkenberg (Holland), wo er am 24. August 1913 zum Priester geweiht wurde. 1914 wurde er nach England gesandt. Beim Austausch der Gefangenen kam er nach Deutschland im Jahre 1916 zurück, stellte sich freiwillig dem Heeresdienst und rückte als Feldgeistlicher bis Kriegsschluß an der mazedonischen Front. Dann wurde er mit der Betreuung der Jugendverbände und mit der Seelsorge an einem Krankenhause in Köln-Deutz beauftragt. Im Jahre 1924 übertrug ihm der Orden das Amt eines Exerzitienmeisters. Als solcher wirkte er in Niederkassel am Rhein, in Münster i. W. und in Bethlehem b. Köln. Nach einer zweijährigen Tätigkeit als Volksmissionar in Hannover war er in gleicher Weise seit 1938 in Münster tätig. Er starb am 20. Juli 1942.

„O süßes Herz Jesu, mach, daß ich Dich immer mehr liebe!" (300 Tage Ablaß)

H. Cross, Ankum

Priestergräber auf dem Ankumer Friedhof

Über den Tod hinaus

Der Ordensgründer der Jesuiten Ignatius von Loyola sagte:
„Es gibt sehr wenig Menschen, die ahnen, was Gott aus ihnen machen würde, wenn sie sich selbst verleugneten und sich Jesus Christus, dem Herrn, ganz hingäben, damit Er ihre Seelen in seinen Händen forme."

Pater Benninghaus hat sich ganz dem Willen Gottes überlassen. Gottes Wille war der Maßstab seines Lebens.

Pater August Benninghaus hat sich den Ansprüchen der irdischen Machthaber verweigert. Besonders dem gottlosen Massenmörder an der Spitze des Regimes hat er die Verehrung versagt, weil Anbetung Gott allein gebührt. „Wer Menschen zu Märtyrern macht, wollte selbst anstelle Gottes angebetet werden. Der Märtyrer hat es ihm verweigert." (Klaus Berger) Die Wut der Lakaien des Regimes zog er auf sich, weil sie bei ihm die Freiheit sahen, Liebe und Achtung nur dem zu schenken, der sie verdient: nicht dem Führer, sondern Gott. Das von Menschen geschaffene Endzeitreich der „1000 Jahre" konnte keinen Bestand haben. Gottes Reich, dem Pater Benninghaus sein ganzes Leben gedient hat, überdauert alle irdischen Reiche und überwindet auch den Tod.

Ein Märtyrer ist kein Held, sondern ein Zeuge Christi. Es wird anerkannt, daß in ihm die Gnade des HERRN wirkt. In der Kirche führt Heldentum zu Problemen, Spaltungen und Personenkult, weil es dann um die jeweilige Person geht. Bei Märtyrern hingegen geht es um Christus, von dem sie Zeugnis geben.

Deinen Willen zu tun, mein Gott, begehre ich, und dein Gesetz ist in meinem Herzen.

Psalm 40, 9

„Das Martyrium ist das erhabenste Zeugnis, das man für die Wahrheit des Glaubens ablegen kann; es ist ein Zeugnis bis zum Tod. Der Märtyrer legt Zeugnis ab für Christus, der gestorben und auferstanden ist und mit dem er durch die Liebe verbunden ist. Er legt Zeugnis ab für die Wahrheit des Glaubens und die christliche Glaubenslehre. Er nimmt in christlicher Stärke den Tod auf sich. Mit größter Sorgfalt hat die Kirche Erinnerungen an jene, die in ihrer Glaubensbezeugung bis zum äußersten gegangen sind, in den Akten der Märtyrer gesammelt. Sie bilden die mit Blut geschriebenen Archive der Wahrheit."
Papst Johannes Paul II. (1920-2005), Apostolisches Schreiben „Ecclesia in Europa" § 13

Pater August Benninghaus wurde in das deutsche Martyrologium des 20. Jahrhunderts aufgenommen. Sein Gedenktag ist am 20. Juli.

Papst Johannes Paul II. sieht nicht nur die Beispielhaftigkeit der Blutzeugen, sondern legt Wert auf die Feststellung, daß die Erinnerung an die Martyrer zugleich Zukunftsfähigkeit in sich birgt:

„ Für uns sind sie ein Beispiel, dem wir folgen sollen. Aus ihrem Blut müssen wir Kraft schöpfen für das Opfer unseres Lebens, das wir Gott jeden Tag darbringen sollen. Sie sind unser Vorbild, damit wir – wie sie – mutig unser Zeugnis der Treue zum Kreuz Christi ablegen."
Papst Johannes Paul II. in Bromberg am 7. Juni 1999

Papst Johannes Paul II. hat es den Ortskirchen aufgetragen, in besonderer Weise an die Märtyrer des 20. Jahrhunderts zu erinnern. Dies sollte auch einen ökumenisch beredten Zug haben. Er hat die Seligsprechung vieler dieser Märtyrer gefördert und war davon überzeugt, daß die Gemeinschaft der Heiligen mit lauterer Stimme als die Urheber von Spaltungen spricht.

Der Katechismus der Katholischen Kirche definiert das Martyrium als das erhabenste Zeugnis, das man für die Wahrheit des Glaubens ablegen kann; es ist ein Zeugnis bis zum Tod. Der Martyrer legt Zeugnis ab für Christus, der gestorben und auferstanden ist, und mit dem er durch die Liebe verbunden ist. Er legt Zeugnis ab für die Wahrheit des Glaubens und der christlichen Glaubenslehre.

Pater August Benninghaus ist als Zeuge für Christus gestorben. Er ist ein Märtyrer, das heißt, daß er um seines Glaubens willen verfolgt wurde und den gewaltsamen Tod erlitten hat. Zwar gibt es das Wort Märtyrer im Neuen Testament noch nicht, aber in der Apostelgeschichte begegnen wir schon dem Martyrium des Stephanus (Apg 7, 54-60). Der Tod des Märtyrers entspricht dem Leiden und dem Tod Christi. Durch den Tod wird der Märtyrer zum Jünger Jesu, er erwirbt im Tod mit Jesus Christus die Vollendung und Auferstehung. Schon seit dem Ende des 2. Jahrhunderts ist es Tradition, daß der Jahrestag des Märtyrertodes am Grab von der betreffenden Gemeinde feierlich begangen wird. In vielerlei Anliegen die Fürbitte und Hilfe der Märtyrer zu erbitten, ist auch Teil der Verehrung dieser Freunde Christi.

**Echt sein
wahr sein,
ganz sein!**

Pater August Benninghaus

Im Artländer Dom erinnert eine Bronzeplatte an P. Benninghaus. Sie ist an der Stelle der früheren Kanzel in den Boden eingelassen.

Die Gemeinde Ankum hat ihm zur Ehre eine Straße am Ortseingang von Ankum nach Pater Benninghaus benannt.

Die Ankumer Oberschule trägt seinen Namen und pflegt eine lebendige Auseinandersetzung mit ihrem Namenspatron.

Am Ort seiner Verhaftung, dem Ignatiushaus der Jesuiten, wurde ein Stolperstein in der Königsstaße. 35 in Münster verlegt.

Ein Freundeskreis hat sich gebildet, der das Andenken von Pater August Benninghaus SJ pflegt und in seinem missionarischen Sinn Projekte in Südafrika unterstützt.

Der August-Benninghaus-Preis wird jährlich vom Freundeskreis vergeben. Er wird an Personen verliehen, die sich durch Forschung und Veröffentlichung zu Glaubenszeugen oder durch caritative Tätigkeiten im Sinn von P. Benninghaus ausgezeichnet haben.

Quellen und Literaturverzeichnis

<u>Primärquellen:</u>

- Briefe, Postkarten, Ansichtskarten von P. August Benninghaus, handschriftlich und maschinenschriftlich in Familienbesitz
- Photos in Familienbesitz und im Archiv des Freundeskreises P. August Benninghaus
- Kirchenbücher der Pfarrgemeinde St. Nikolaus in Ankum
- Briefe von P. Emmerich Raitz von Frentz SJ und P. Lambert Klassen SJ
- Bericht von P. Otto Pies SJ, maschinenschriftliches Manuskript
- Archiv Gedenktätte Sachsenhausen
- Lern- und Gedenkort Schloss Hartheim
- Archiv Gedenkstätte Dachau
- Archiv der Deutschen Provinz der Jesuiten, München
- ITS-Archiv, Bad Arolsen
- Diözesanarchiv, Osnabrück
- Staatsarchiv Münster, Regierung Münster, Nr. 29694, Monatsberichte Mai und September 1940 und Juni 1941
- Hauptstaatsarchiv Düsseldorf, Generalakten der StA beim OLG Köln, Rep. 21, Nr. 12
- Mitteilungen aus den Deutschen Provinzen der Gesellschaft Jesu, Heft 111, 1947, S. 200-202
- Stimmen von Dachau, Nr. 11, vom 15. November 1947, S.41
- Aus der Niederdeutschen Provinz 1941-1948, S. 102f
- Aus der Norddeutschen Provinz 5/182, S. 140f
- Georg Benninghaus, handschriftliches Manuskript und mündlich in Druchhorn
- Ida Gövert, geb. Benninghaus, mündlich in Druchhorn
- Elisabeth Bange, geb. Benninghaus, mündlich in Ankum
- Beate Mühl-Benninghaus, geb. Benninghaus, mündlich in Bad Heiligenstadt
- Hermann Scheipers, mündlich in Ochtrup
- Fotoarchiv Ludwig Struckmann, Ankum
- Fotoarchiv Thomas R. Benninghaus, Hamburg

Sekundärliteratur:

- Benedikta Maria Kempner, Priester vor Hitlers Tribunalen, München (erneut 1967; Leipzig 1970; unv. Nachdruck München 1996)
- Nanda Herbermann, Der gesegnete Abgrund, Buxheim 1959 (auch in: Familienblatt, Mission Press, Techny, Ill, 49. Jg., 1950)
- Walther Hofer, Der Nationalsozialismus, Frankfurt 1957
- Johannes Maria Lenz, Christus in Dachau, St. Gabriel b. Mödling 1960
- Reimund Schnabel, Die Frommen in der Hölle, Frankfurt 1966, S. 213, Nr. 117; S. 120
- Eugen Weiler, Die Geistlichen in Dachau sowie in anderen Konzentrationslagern und Gefängnissen, Mödling bei Wien, 1971, S. 128
- Eugen Kogon, Der SS-Staat, Reinbek bei Hamburg 1974
- Johann Maria Pater Lenz, Christus in Dachau, Wien 1974
- Comité International de Dachau, Konzentrationslager Dachau 1933 – 1945, Katalog zur Ausstellung 1978
- Alfons Nießen, Exerzitien von Simmerath mit Pater Benninghaus im Jahre 1925, in: Das Monschauer Land Jahrbuch 1978, Monschau 1978, S. 82-83
- Klaus-Jörg Ruhl, Brauner Alltag 1933-1939 in Deutschland, Düsseldorf 1981
- Hans Schlömer, Er war das erste Nazi-Opfer unter den Priestern unseres Bistums, in: Kirchenbote, 30/1982, S. 11
- Joachim Kuropka, Wanderprediger und Gestapo, in: Jahrbuch für das Oldenburger Münsterland, 1985
- Hans Dollinger, Kain, wo ist dein Bruder Abel, Frankfurt 1987
- Georg Denzler / Volker Fabricius, Die Kirche im Dritten Reich, Bd. 2, Frankfurt 1988
- Heimat- und Verkehrsverein Ankum, 800 Jahre Druchhorn, Ankum 1988
- Günther Beaugrand, Kardinal Graf von Galen, Augsburg 1988 ²
- Hans-Adolf Jacobsen, Opposition gegen Hitler und der Staatsstreich vom 20. Juli 1944 in der SD-Berichterstattung, Bd. 2, Stuttgart 1989
- Vincent Lapomarda, The Jesuits and the Third Reich, Lewiston 1989 (Edwin Mellen Press), New York 14092

- Heinz von der Wall, KZ-Häftlingsnummer 29 373. Pater August Benninghaus SJ aus Druchhorn, in: Heimat-Jahrbuch „Osnabrücker Land 1990"
- Joachim Kuropka (Hrsg.), Meldungen aus Münster: 1924-1944. Geheime und vertrauliche Berichte von Polizei, Gestapo, NSDAP und ihren Gliederungen, staatlicher Verwaltung, Gerichtsbarkeit und Wehrmacht über die politische und gesellschaftliche Situation in Münster, Münster 1992
- Ulrich von Hehl (bearb.), Priester unter Hitlers Terror : eine biographische und statistische Erhebung, Paderborn [u.a.] 1996, Bd. II, S.1004
- Reinhard Schütte, Pater August Benninghaus leistete unauffällig Widerstand, in: Westfälische Nachrichten vom 10.9.1994
- Hans-Günter Richardi, Schule der Gewalt. Das Konzentrationslager Dachau, München 1995
- Hermann Scheipers, Gratwanderungen, Leipzig 1997²
- Helmut Moll, Die katholischen deutschen Martyrer des 20. Jahrhunderts, Paderborn 1999
- Helmut Moll, Zeugen für Christus. Das deutsche Martyrologium des 20. Jahrhunderts, Paderborn 1999, Bd. 2, S. 783ff
- Georg Geers, Priester aus Berufung, in: ON am Sonntag vom 21.7.2002, S.16
- Hermann Rieke-Benninghaus, Ein Märtyrer aus Druchhorn, in: Am heimatlichen Herd, 55. Jg., Nr. 1, Februar 2005 (in: Bersenbrücker Kreisblatt vom 18. 2. 2005)
- Hermann Rieke-Benninghaus, P. August Benninghaus SJ – Märtyrer aus Druchhorn, Dinklage 2005²
- Hermann Rieke-Benninghaus, Zeugen für den Glauben, Verlag Hermann Rieke-Benninghaus, Dinklage 2005
- Hans-Karl Seeger, Gabriele Latzel, Christa Bockholt (Hrsg.): Otto Pies und Karl Leisner: Freundschaft in der Hölle des KZ Dachau, Sprockhövel 2007
- Rita Haub, Es fordert den ganzen Menschen. Jesuiten im Widerstand, Würzburg 2007, S. 44-47

- Dieter Höltershinken, Jesuiten in Dortmund: In der geistigen Auseinandersetzung mit den Themen der Moderne, Bochum/Freiburg 2015
- Hermann Rieke-Benninghaus, August Benninghaus. Märtyrer, Norderstedt 2015
- Eduard Werner, Helden und Heilige in Diktaturen. Media Maria Verlag, Illertissen 2017, S. 184-185

Weblink:

- Ignatius von Loyola, Die Geistlichen Übungen, übersetzt von Alfred Feder S.J., Regensburger Verlagsanstalt, 2. Auflage, Regensburg 1922
https://ia802604.us.archive.org/21/items/MN5044ucmf_5/MN5044ucmf_5.pdf

Von Hermann Rieke-Benninghaus sind bei
BoD – Books on Demand Norderstedt erschienen:

Schön bist Du. Das Lied der Lieder

Herrlich bist Du. Psalmen

Botschaft des Heils nach Johannes. Evangelium

August Benninghaus, Märtyrer

Bilder der Heilsbotschaft. Collagen

Glaubensbekenntnis. Bilder und Texte

Ave Maria. Bilder und Lieder

Ein Kind ist uns geboren. Bilder und Texte

Er ist auferstanden. Bilder und Texte

Frohe Botschaft in Bildern

Fest steht das Kreuz

Komm, Herr Jesus.
Lesungen aus der Offenbarung des Johannes

***

Alle Bücher sind im Buchhandel, im Internet
oder beim Verlag BoD zu bestellen.
Alle Bücher sind auch als E-Book erhältlich.